2011 年世界劳工报告

让市场服务于就业

国际劳工组织 著
中国财政经济出版社 组织翻译

中国财政经济出版社

本书中所有作者署名的文章、研究报告或其他作品内容仅代表其个人观点，不代表国际劳工研究所的立场。

图书在版编目（CIP）数据

2011 年世界劳工报告：让市场服务于就业 / 国际劳工组织著；中国财政经济出版社组织翻译. —北京：中国财政经济出版社，2012. 4
书名原文：World of Work Report 2011：Making markets work for jobs
ISBN 978 - 7 - 5095 - 3518 - 9

Ⅰ. ①2…　Ⅱ. ①国…　②中…　Ⅲ. ①劳动就业 - 研究报告 - 世界 - 2011
Ⅳ. ①F249. 1

中国版本图书馆 CIP 数据核字(2012)第 054542 号

责任编辑：吴　敏　　　　责任校对：张　凡
封面设计：文　通　　　　版式设计：李香杰

中国财政经济出版社出版
URL：http：//www. cfeph. cn
E - mail：cfeph @ cfeph. cn

社址：北京市海淀区阜成路甲 28 号　邮政编码：100142
发行处电话：88190406　财经书店电话：64033436
北京中兴印刷有限公司印刷　各地新华书店经销
880 × 1230 毫米　16 开　8. 75 印张　200 000 字
2012 年 4 月第 1 版　2012 年 4 月北京第 1 次印刷
定价：30. 00 元
ISBN 978 - 7 - 5095 - 3518 - 9/F · 2969
图字：01 - 2012 - 2166
（图书出现印装问题，本社负责调换）
本社质量投诉电话：010 - 88190744

国际劳工研究所于1960年由国际劳工组织创建，是一个在社会和劳工领域开展深入研究的独立机构。

《2011年世界劳工报告》编写人员

该报告由国际劳工研究所的工作人员撰写，该研究所所长负责出版事宜。各章节的作者如下：

- 编者按：雷蒙德·托雷斯
- 弗德里克·库尔奇、萨米尔·卡蒂瓦达和史蒂文·托宾（第一章），埃格哈德·恩斯特为本章早期草稿作出了贡献
- 维罗尼卡·埃斯库德罗、萨米尔·卡蒂瓦达和艾娃·洛佩斯（第二章）
- 马修·查普（第三章），史蒂文·托宾为本章作出了特殊贡献
- 乌玛·拉尼和玛瓦·克力库利巴利（第四章）
- 玛瓦·克力库利巴利、那兰·普拉萨德和佩林·赛克勒·里奇亚迪（第五章）
- 马修·查普和斯蒂芬·屈恩（第六章），史蒂文·托宾为本章作出了特殊贡献

雷蒙德·托雷斯负责本报告的编辑和协调工作。

在此，我们感谢国际劳工组织总干事对本报告提出的建议和指导。

研究所专家团队对本报告的早期版本提供了出色的建议和意见。该专家团队包括：阿萨杜贾曼·乔德瑞、维尔纳·艾克霍斯特、理查德·弗里曼、玛丽亚·吉普森、约翰纳斯·朱婷、弗雷德里克·里瑞斯、伊莎贝尔·奥提兹、马西奥·波切曼、阿拉克·沙玛、佐摩·夸梅·孙达拉姆、罗伯特·P.沃斯。

我们还要感谢国际劳工组织的同事给我们提出的建议，包括：彼得·奥尔、帕特里克·贝尔瑟、邓肯·坎贝尔、洛雷塔·德卢卡、埃格哈德·恩斯特、迈克尔·亨利克斯、艾迪·李、拉金德拉·帕累托和曼努埃拉·托梅。同时，感谢设计师苏·阮为本报告所做的排版工作。

编者按

雷蒙德·托雷斯
国际劳工研究所所长

经济衰退可能导致就业的二次衰退……

未来几个月将对避免就业状况的急剧衰退以及社会动荡的持续显著恶化具有至关重要的作用。此前已从全球危机中开始复苏的全球经济进入了一个新的经济疲软时期。主要发达经济体的经济增长已趋于停滞，部分国家再度进入经济衰退，尤其是在欧洲。同时，主要新兴和发展中国家的经济增长也已放缓。

基于以往的经验，经济持续疲软对劳动力市场真正产生影响需要大约六个月的时间。事实上，以往全球危机的直接后果是在某种程度上推迟或减弱就业丧失的状况，但此次经济衰退可能对就业状况带来更为快速和强烈的影响。2008 年雷曼兄弟倒闭后，很多富有活力的企业预计其经营活动暂时放缓，并倾向于保留员工。现在，在危机爆发的三年后，商业环境更加不稳定，经济发展前景继续恶化。因此，企业普遍保留员工的可能性将会降低。

此外，由于越来越多的国家采纳了财政紧缩措施，政府的就业支持和收入支持计划的实施力度也可能减小。在全球危机刚刚爆发时，这些计划对抑制就业丧失和为企业保留工作岗位提供支持发挥了积极的作用。最后，同时这也是更重要的一点，就是尽管在 2008—2009 年期间，世界各国（尤其是 20 国集团成员国）极力协调各国政策，但目前有证据表明，它们正自行其是。这导致各国出于竞争力的考虑而采取限制性更强的政策，工作保留措施可能成为其牺牲品。

最新指标显示，就业放缓已开始成为现实（见第一章）。在可获取近期数据的近 2/3 的发达经济体和一半的新兴和发展中经济体，情况均是如此。同时，年轻人继续进入劳动力市场。因此，未来两年内，要恢复至危机前的就业率，就必须净创造大约 8000 万个新就业机会（发达经济体 2700 万个，其余的在新兴和发展中国家）。不过，由于近期经济放缓，全球经济所创造的就业机会可能只有上述急需就业机会的一半左右。估计发达经济体的就业率在 2016 年前才能恢复至危机前的水平，比《2010 年世界劳工报告》所预测的时间推迟一年。

……加剧收入不平等和社会不满现象……

根据为编写本报告所开展的一项研究结果，由于经济复苏乏力，社会不满现象更加普遍（参见第一章有关社会动荡的专题）。在可进行估算的 119 个国家中，有40%的国家自2010年以来其社会动荡的风险显著增加。同样，在58%的国家中，声称生活水平不断恶化的人口比例出现了增长。有一半的国家，其民众对本国政府应对上述问题的能力的信心减弱。

本报告表明，社会不满的发展趋势与两个因素相关：一是就业发展；二是人们认为危机的负担并未得到公平的分担。社会不满的程度在所有发达经济体、中东和北非地区都有所增加，在亚洲也是如此，不过其增长幅度要相对小得多。相反，社会不满的程度在撒哈拉以南非洲地区相对保持稳定，在拉美地区则有所减弱。

……进一步延缓经济复苏。

反过来，就业和社会发展前景的不断恶化将对世界各国经济增长造成影响。在发达经济体中，由于工人们对其就业和工资前景更加悲观，经济增长的一个重要引擎——家庭支出——出现下降。美国以及部分欧洲国家的指标显示，工人们认为其工资水平将停滞不前，甚至出现下降。需求前景的不明朗以及发达经济体金融体系继续保持疲软，将对全球所有国家的投资造成打压，那些经济增长和创造就业主要依赖出口的新兴和发展中经济体也不能幸免。

简而言之，经济疲软将影响就业和社会稳定性，从而对实体投资和消费造成打压，并最终影响到经济的发展，形成恶性循环。

通过让市场服务于就业，而非相反方式，可以打破上述恶性循环。

近期的发展趋势反映了这一事实，即就业作为经济复苏的一个关键驱动因素这一点未能得到足够的重视。世界各国日益关注如何恢复金融市场的秩序。尤其在发达经济体，政府关注的重点往往是采取财政紧缩措施以及如何对银行施以援手，而不是改革那些导致危机发生的银行运作方式，或者预期实体经济应该如何复苏。在某些情况下，人们甚至认为，政府采取的措施已对社会保障和工人权利造成了威胁。这种状况不可能促进经济增长和改善就业状况。

同时，各国对全球危机的中心——金融体系的管制仍然不够。在发达经济体，金融行业并未发挥其向实体经济提供信贷的正常的中介作用。而在新兴经济体，波动性资本的大量涌入也对其造成了影响（见第二章）。

这表明与金融目标相比，实际上就业被视为次等重要的目标。值得注意的是，目前很多国家均制定了财政整顿计划，仅有一个主要的发达经济体——美国宣布了一项全国性的就业计划。在其他国家，就业政策往往是从政府财政的角度来加以考虑的。

现在亟须作出调整。随着劳动力市场排斥现象开始占据上风以及社会不满状况日益增加，利用创造就业机会和创收的“机会之窗”即将关闭。

这就必须首先从贸易顺差国家开始，确保增强工人工资和企业生产力之间的联系……

现在是重新考虑“工资节制”政策的时候了。在过去20年间，绝大多数国家的劳动者的收入比重出现了下降，也就是说，工薪阶层和自雇工人的实际收入平均增幅低于由于生产率增长而引起的收入应有的增幅。同时，在2000—2009年，工资节制也未转化为实际投资的增长。在此期间，83%的国家的企业利润占GDP的比重增长，但这些利润越来越多地用于支付红利，而非用于投资（见第二章）。

此外，没有明显的证据显示工资节制政策促进了就业状况的改善（见第三章）。

事实上，工资节制政策导致了全球收入不平等状况的加剧。全球收入不平等以及金融体系的效率低下，导致了全球危机及其持续的影响。在发达经济体，工资水平停滞不前，为明显不可持续的债务推动型支出增长提供了温床。在部分新兴和发展中经济体，工资节制政策成为面向发达经济体出口增长型战略不可分割的组成部分——该项战略也具有不可持续性。

通过确保增强工人工资和企业生产率之间的联系，全球需求不足的状况将得到解决。此外，这种保持平衡的方法将有助于缓解预算吃紧的各国政府在刺激经济发展方面所面临的压力。在很多国家，企业利润率水平已达到这样的程度，让工资与生产率同步增长也将促进投资。

显而易见，拟定政策必须针对各国具体情况进行调整，并且只有通过社会对话、精心设计的最低工资标准、集体协商以及旨在促进核心劳动力标准的努力，才能实现这些政策。在考虑到这一因素后，贸易顺差经济体（如中国、德国、日本和俄罗斯联邦）具有很强的竞争力，因此比其他国家拥有采纳此类政策的更大空间。贸易顺差国采取更加平衡的收入发展政策，这将符合这些国家的利益，同时有助于促进贸易赤字国的复苏，对于那些不依赖于货币贬值来恢复其已丧失竞争力的欧元区国家尤其如此。

……第二，通过金融改革为实体投资提供显著支持……

只有向有活力的小型企业提供信贷得到恢复后，才能出现就业复苏的状况。在欧盟，报告收紧借贷标准的银行净百分比在 2011 年期间一直保持为正数，当欧盟的企业被问及在 2010 年 9 月至 2011 年 2 月期间所面临的最为紧迫的问题时，1/5的小型企业表示是缺乏充足的融资渠道。有针对性的支持可能包括信贷担保，安排中介评估小型企业被否决的信贷申请，并直接向银行提供流动性，以便为小型企业的运营提供融资。目前，巴西和德国等国已开始实施此类计划。

在发展中国家，增加在农村和农业领域的投资拥有很大的空间（见第四章）。这不仅要求有针对性的公共投资，同时还必须抑制粮食商品的金融投机，以便减小粮食价格的波动。2006—2010 年期间，粮食价格的波动性是此前五年期间的两倍。因此，农业生产者，特别是小生产者，将农业收入的任何增长视为是暂时性的。因此，生产者缺乏投资农业收入增长所必需的稳定看法，从而导致粮食匮乏问题的长期存在以及体面工作机会的丧失。

……第三，维持和在某些情况下增强来自扩大税基资助的促进就业计划……

如果公共债务和赤字不断增长，没有一个国家能够发展。不过，各国旨在削减公共债务和赤字的努力过于侧重劳动力市场和社会保障计划，并产生了反作用。事实上，在考虑削减公共债务和赤字时，必须对其直接和间接影响进行仔细评估。例如，减少收入支持计划可能在短期内节省成本，但可能导致贫困和降低消费，从而对增长潜力和个人福祉带来长期的不利影响。

重点针对具有成本效益比措施的促进就业计划，对于避免就业状况的进一步恶化至关重要。精心设计的促进就业计划在支持需求的同时，可以推动劳动力市场更快地恢复到危机前的状况。通过降低出现劳动力市场排斥的风险以及提高企业生产率，在危机时期的初期支持将获得回报。由于提高劳动力市场匹配活力对就业状况带来的正面影响，可以抵消由私营部门挤出效应导致的负面影响。根据各国状况的不同，积极劳动力市场支出占 GDP 的比重每增加 0.5%，从中期来看就可带动就业率增加 0.2%—1.2%（见第六章）。尽管这些估算值提供的仅是大致的数量级水平，但突出了这一点，即促进就业的计划支出如果得到良好的设计，从中期来看就可与政府财政目标保持一致。

此外，促进就业计划并不会耗费国库大量的资金。如有必要的话，可以寻找到新的资金渠道来支持急需的支出。在此方面，本报告指出，今后仍有扩大税基的空间，尤其是在房地产和部分金融交易领域（见第五章）。此类措施将有助于增强经济效率，更加公平地分担调节负担，从而有助于缓解社会矛盾。不过，由于复苏的多样性，必须针对各国的具体情况来使用该措施。

……使就业问题重新成为全球关注的首要议题。

让市场服务于就业的责任主要在于各国政府。按照国际劳工组织的《全球就业协议》，各国政府可以有很多措施供其使用，这些措施包括就业友好型社会保障计划、良好设计的最低工资标准和就业法规，以及富有成效的社会对话，这些措施可以在就业友好型宏观经济和金融环境下快速地加以应用。在经济疲软迹象最为明显的欧元区，尤其必须在此方面快速采取措施。

国际政策协调同样至关重要。鉴于各国的经济发展周期状况各不相同，上述协调任务显得更为艰巨。本报告的研究结论表明，某个地区的就业衰退将迟早对其他地区的未来经济和社会发展前景造成影响。反之，各经济体之间的相互关联性表明，如果各国在采取行动时能够协调一致，对就业带来的积极影响就将得到放大。在使就业问题以及财政和金融问题成为全球重点关注的政策议题方面，20 国集团国家可以发挥特殊的领导作用。在此方面，时间也已非常紧迫。

目 录

图、表、专栏

图

表

专栏

第一章 市场动荡、就业状况和社会动荡：发展趋势和前景[1]

主要研究成果

- 自2010年以来，全球经济发展前景已显著恶化。最新的指标表明，就业增长已开始放缓。上述状况在提供有最新信息的近2/3的发达经济体和一半的新兴和发展中经济体均是如此。本报告显示，要达到危机前的就业率水平，未来两年内必须创造接近8000万个新增就业岗位。不过，最近经济活动的放缓表明全球经济可能仅能创造一半必需的就业岗位。因此，根据目前的发展趋势来看，发达经济体的就业状况在2016年前将无法恢复至危机前的水平，比《2010年世界劳工报告》所预计的时间要推迟一年。
- 经济活动的放缓，正是劳动力市场处于临界点之时。在全球经济危机进入第三年后，尽管2010年有部分复苏的可喜迹象，但很多求职者开始丧失信心，决定整体离开劳动力市场。在很多地区，特别是在发达经济体和很多阿拉伯国家，求职者日益难以获得具有体面职业发展前景的稳定工作——很多新的就业机会都不稳定，这反映出企业所面临的经济发展前景不明的局面。青年所面临的就业状况尤其严重。
- 根据本报告提供的最新调查数据显示，各国无力应对就业危机已导致社会不满情绪的日益高涨。据估算，在提供有信息的119个国家中，有40%的国家可能面临社会动荡加剧的局面。社会动荡加剧的预计风险，在发达经济体、中东和北非地区尤其高，亚洲地区其次。相比之下，撒哈拉以南非洲地区的社会动荡的估计风险可能已经趋于平稳，而在拉美地区则出现了下降。此外，在提供有数据的99个国家中，有50个国家的受访者表示，他们对其本国政府的信心不断降低。缺乏良好的工作机会是导致上述问题的核心所在，本报告显示，这些发展趋势与就业状况以及人们认为承担危机负担不公平两者密切相关。

---

1 感谢艾洛蒂·戴瑟斯和斯蒂芬·古在研究方面提供的出色协助。

● 劳动力市场状况的进一步恶化以及社会环境随之遭到破坏，可能危及经济复苏的进程。如果将创造就业置于政策议程的首位并且立即采取行动，就可能避免出现上述情景。部分国家在此方面已作出了表率，并且在就业方面取得了良好的结果。第二章至第六章将主要阐述就业和收入措施如何才能推动经济复苏的进程。

引言

2009 年年底，全球经济摆脱全球金融危机和经济危机，开始复苏，但在复苏的速度和广度方面存在显著差异。当时，我们预计 2012 年全球 GDP 的增长率将达到接近 5%。然而，在 2009—2010 年期间，高质量的就业增长仍然疲软，发达经济体尤其如此。[1] 事实上，在 2010 年，很多发达经济体的就业增长中临时性工作占据主要地位，很多新兴经济体的就业增长中也主要是非正式就业机会（国际劳工组织，2010a）。

不过，全球危机已进入了另外一个新的阶段，经济增长预期显著降低。2010 年年底，全球 GDP 增长开始走软，发达经济体的经济增长尤其放缓，从而对其他地区的需求造成负面影响。这对本已脆弱不堪的就业状况带来了严重的下跌风险——而粮食价格的不断上涨使得就业状况进一步恶化（参见第四章）。

本章的目的是具体分析近期的劳动力市场和社会发展状况，并评估就业状况出现二次衰退的风险性。特别是，第一节描述了近期宏观经济和就业状况的发展趋势，以评估劳动力市场状况的退化程度。鉴于就业状况的变化往往在某种程度上滞后于 GDP 的变化，第二节分析了近期的经济增长下调对就业前景的影响。第三节评估了总体的社会环境，并探讨了就业或者缺少就业在社会动荡中的作用。第四节简要介绍了本报告其他部分的内容，突出了那些必须应对以避免就业状况出现二次衰退和社会紧张局面的主要领域。

第一节　劳动力市场状况受到削弱

宏观经济状况已经恶化，目前仍然动荡不定……

目前，经济环境的最大特征是市场的显著波动性以及经济发展前景的恶化。最近，国际货币基金组织（IMF）显著调低了对 2012 年，特别是发达经济体的经济增长预期值（表 1.1）。与 2010 年 10 月所做的预测相比，近期国际货币基

1　发达经济体是指人均国民总收入（GNI）不低于 12276 美元的国家；新兴经济体即中高收入国家，是指人均国民总收入在 3976 美元—12275 美元之间的国家；发展中经济体即中低收入和低收入国家，是指人均国民总收入不超过 3975 美元的国家。有关国家类别的详细情况，参见附录 A。

表 1.1　2012 年经济增长预期（按预测日期划分）

		全球	发达经济体	新兴经济体	发展中经济体
预测日期	2010 年 10 月	4.5	2.7	6.6	6.6
	2011 年 4 月	4.5	2.7	6.7	6.5
	2011 年 9 月	4.0	1.9	6.2	6.2

注：数据按照最近的小数取整。有关各个收入类别的国别详细列表，参见附录 A。

资料来源：国际劳工研究所基于国际货币基金组织《世界经济展望》的数据。

金组织对世界 GDP 增长的比例下调了 0.5 个百分点，即从此前的大约 4.5% 调低至目前的大约 4%。国际货币基金组织对发达经济体 GDP 预期增长率的下调尤其明显：目前预计 2012 年发达经济体的 GDP 增长率为 1.9%，低于一年前 2.7% 的预测值。预计新兴和发展中国家的 GDP 增长率也将放缓，不过下调幅度相对较小。

其中，有多种因素在发挥作用。欧洲的财政危机重新出现以及人们对希腊债务问题的持续关注，使得金融市场动荡不稳（参见专栏 1.1）。在危机最为严重的时期，为向银行业提供流动性，避免全球金融中介业的崩溃，很多国家的中央银行（如美联储、日本银行以及欧洲中央银行）的资产负债率增长了三倍。有关银行监管的最新协议，即《巴塞尔协议 III》希望能够应对包括提高资本充足率的一系列结构性问题。[1] 然而，金融改革并未达到预期的目标——各个银行的资金状况仍然非常疲软和不愿承担风险，从而无法维持信贷增长的稳步复苏。在很多发达经济体中，创造就业的引擎——小型企业继续面临信贷紧缩的状况（参见第二章）。[2]

危机爆发前家庭债务的大量增加，对复苏过程中的个人消费带来了重大的压力。事实上，由于消费者极力降低其负债率，以便恢复至更可持续的负债水平，全球的个人消费都在不断降低——从而对各个企业扩大产能的意愿造成负面影响。

资本流动的波动性已经对新兴经济体造成了影响。发达经济体的实体经济复苏乏力、各个银行继续采取风险规避政策以及主要的货币市场状况引发了金融投资者新一轮“追逐收益率”的热潮，导致了国际资本大量流向新兴国家。相比之下，在新兴国家，新的投资机会似乎更为普遍（图 1.1）。资本流动的急剧增长对工资比重的变动造成了消极影响（参见第三章）。重要的是，资本流入的构成已发生了重大转变，短期投资组合流入（“热钱”）占据主导地位，而非那些有助于促进经济潜在增长的长期资本流入，如外国直接投资（参见第二章）。事实上，所有新兴市场地区各经济体的外国直接投资流入均未出现显著复苏。相反，国际投资者更青睐于短期债务或股权投资，这些投资在经济发展前景一旦恶化时可以更加快速地撤回。

1　部分国家已采纳了进一步的改革措施；参见恩斯特的文章（2011a）。

2　参见国际货币基金组织（2011a）。

专栏 1.1　欧洲金融安全措施和复苏前景

为防止其成员国出现主权债务违约的状况，欧洲经济与财政部长委员会（EcoFin）与国际货币基金组织采纳了部分短期支持措施，以维持主权债务清偿能力，防止长期高利率阻碍欧元区目前正在进行的复苏进程：

- 欧洲已建立了两个临时性的出资机制，即欧洲金融稳定工具（EFSF）和欧洲金融稳定化机制（EFSM），两者将总计提供高达 7500 亿欧元的金融安全保障资金。预计到 2013 年中，欧洲稳定机制（ESM）将替代上述两个临时性机制。
- 《竞争条约》，或称“欧元 +”条约旨在加快 EcoFin 成员国之间的融合，以避免经济基本面进一步分化，危及整个欧元区的融合。

2011 年 9 月，欧洲议会批准了一揽子的六项法律，即所谓的“六项立法”改革，其目的是通过引入对不遵从规则成员国的从快处罚，加强欧盟对其成员国预算的监管，从而避免出现进一步的债务危机。在这六项一揽子法律中，有三项法律主要针对预算，另外两项法律建立了针对经济发展不平衡的最新警示和制裁体系，最后一项法律制定了针对各国账户的统一标准：

- 根据《1466/97 有关预算和经济监管法规修订版》，同时作为“欧洲半年期”（2011 年推出的有关预算制定的修订时间表）的一部分，各国的预算计划必须首先在 4 月份提交至欧洲委员会，并在 6 月和 7 月提交至欧洲理事会，此后在下一年定稿。同时，从 2012 年开始，欧盟各成员国在一定时期内的支出增加比例不得超出其 GDP 平均增长率。如果某个国家不能满足这些要求，并在欧洲委员会发出警告的七个月后采取行动，欧洲委员会将有权针对该国政府征收占其 GDP 至少 0.2% 的财政罚款。
- 根据《1467/97 有关超额赤字程序法规修订版》，从现在开始，那些违反 60% 债务上限的成员国必须在三年内将其超额赤字占 GDP 的比重平均降低 0.5%。不过，如果由于养老金成本或其他基本经济改革导致超额债务增加，这些国家可以避免受到超额赤字程序的影响及其制裁。
- 根据《对赤字国家罚款的最新规定》，那些未能实现其中期目标，或者违反欧盟债务和赤字限额的成员国将被处以上一年其 GDP 收入 0.2%—0.5% 的罚金（希腊便是如此）。
- 根据《对建立“发展不平衡”监测体系的最新规定》，欧洲委员会有权开展对那些在公共和私人债务、房价、失业、经常项目差额、实际有效汇率等方面超过最高上限的成员国开展深入评估。如果存在“过度”不平衡现象，欧洲委员会将敦促该国政府提交整改计划。如果在两个月之后且发出两次警告后仍未取得进展，该国将被处以其 GDP 收入 0.1% 的罚款。
- 《对有关过度不平衡制裁的规定》：在欧洲委员会发出两次警告后，如果成员国未能遵守欧洲委员会的建议，将被处以其 GDP 收入 0.1% 的罚款。
- 《有关制定统计和预算标准的新法令》：各国账户应每月发布一次，地区账户应每季度发布一次；债务和赤字限额应写入法律（英国除外）；预算规划应涵盖三年期限；独立审计机构应核查所有的政府账户。该法令将从 2014 年开始实施。

图 1.1　新兴市场资本流入的组成（2002—2008 年与 2010 年的比较）

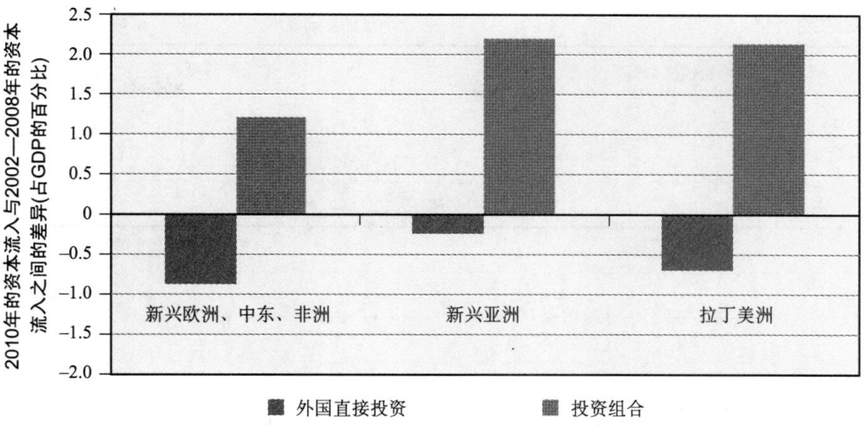

注：本图显示的是各地区 2010 年的资本流入与 2002—2008 年危机爆发前时期年均资本流入之间的差异。新兴欧洲地区、中东和非洲地区包括：埃及、匈牙利、以色列、波兰、俄罗斯联邦、南非和土耳其；新兴亚洲包括：印度、印度尼西亚、韩国、马来西亚、菲律宾、中国台湾和泰国；拉丁美洲包括：阿根廷、巴西、智利、哥伦比亚、墨西哥和秘鲁。

资料来源：国际劳工研究所基于国际货币基金组织的数据的计算（2011a）。

……就业增长已由此开始放缓……

经济活动的放缓已对就业状况产生了负面影响。在可获取信息的一半以上的国家，其近期新增就业机会出现了负增长，仅有七个国家近期新增就业机会的正增长率超过 1%（图 1.2）。在接近 2/3 的发达经济体中，就业增长已经放缓，也就是说，最近季度的就业增长率低于此前几个季度的增长率。新增就业减少的发展趋势在欧洲国家表现尤其明显。在提供有信息的新兴和发展中经济体，接近一半的国家新增就业放缓，另外接近一半的国家新增就业减少，在墨西哥和俄罗斯联邦尤其如此。

此外，在就业复苏取得重大进展前，新增就业状况已开始走软，接近 2/3 的发达经济体继续努力达到危机前的就业水平（图 1.3 第一组）。在这些国家中，要使其就业状况恢复至 2007 年的水平，还必须新增 1300 多万个就业岗位。该问题在欧洲各经济体中尤其严峻，目前这些国家的就业水平比危机前的最高值仍低 450 万。同时，西班牙和美国两国缺少的就业岗位数量占发达经济体缺少的总共 1300 万个就业岗位中的大约一半。其他国家，特别是澳大利亚、以色列、卢森堡和新加坡的表现相对较好，其就业水平与危机前的最高值相比增长了 8% 或更多。

相比之下，新兴和发展中经济体的就业复苏速度总体要快得多（图 1.3 第二组）。不过，在提供有信息的 25 个国家中，有 16 个国家的就业水平仍然低于危机前的最高值。这些国家的就业岗位缺口约为 440 万个。在主要的新兴经济体中，南非和俄罗斯联邦——尽管在复苏初期其新增就业表现强劲——正极力恢复至此前的最高值。事实上，两国近期的就业状况为负增长（参见图 1.2）。

图 1.2　各国近期的就业增长状况（经过季节性调整）

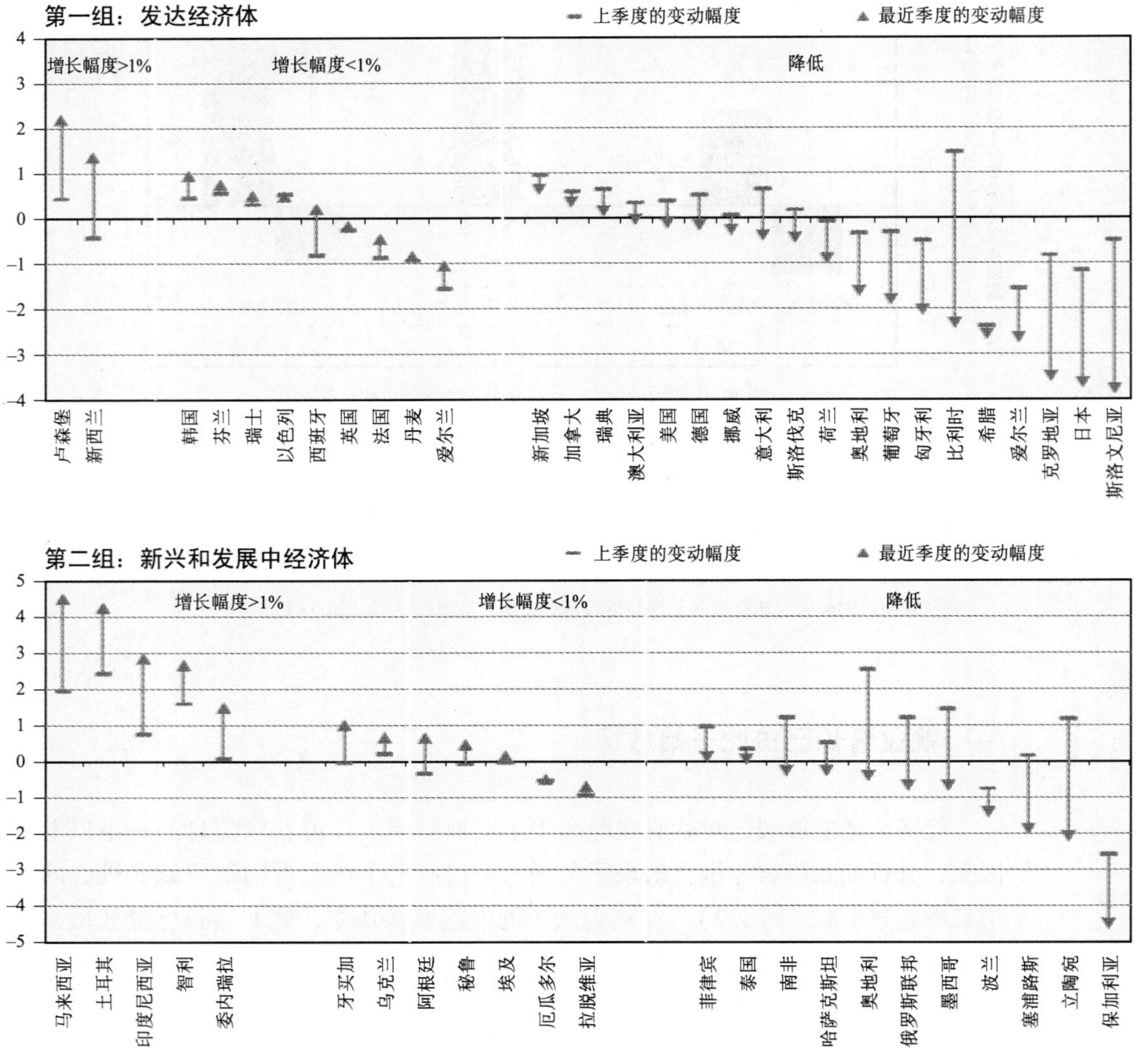

注：2011 年第一季度的数据用作最近季度的数据，除澳大利亚、比利时、智利、芬兰、日本、韩国、俄罗斯联邦、西班牙、瑞典和美国（2011 年第二季度）；埃及、泰国、乌克兰（2010 年第四季度）；墨西哥（2010 年第三季度）和印度尼西亚（2011 年上半年）。

资料来源：国际劳工研究所基于国际劳工组织有关劳动力市场的短期指标；欧洲统计局和 LFS 的数据。

……青年失业、低质量就业和劳动力市场排斥现象非常普遍。

就业前景黯淡继续对 15—24 岁的青年造成不利影响。在提供有最新数据的国家中，超过 1/5（即 20%）的青年在 2011 年第一季度处于失业状态——总失业率为 9.6%[1]。鉴于自 2009 年第二季度以来，青年失业率一直保持在 20% 以上，在未

1　这些数字是指提供有近期信息的 48 个国家的加权平均值。有关青年失业问题的更多信息，参见国际劳工组织（2011a）。

图 1.3　现有就业水平与危机前的最高值的比较（百分比）

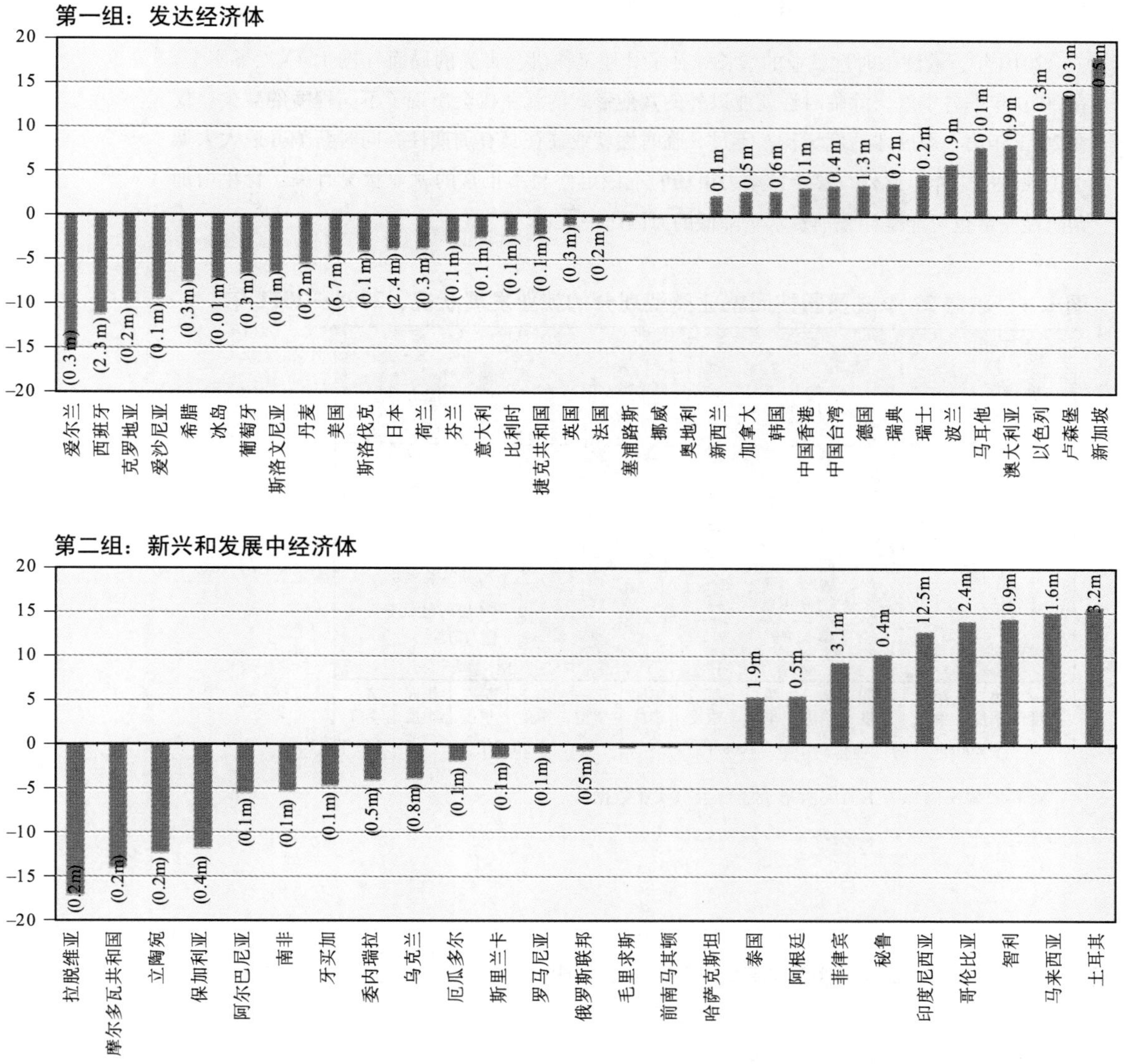

注：本图显示的是现有就业水平与危机前最高值的百分比。括号中的数据是指超过（或低于）危机前水平的就业岗位数量（单位是百万）。

资料来源：国际劳工研究所基于 Laborsta 数据库数据的估算值。

来劳动力市场上，这对于工人的长期技能获取和创收能力方面并非好事。高质量的工作机会很少，在欧盟尤其如此。在欧盟，仅临时性就业机会出现了增长（专栏 1.2）。

此外，劳动力市场的持续衰退有着更为长期的影响。由于失业率偏高且长期持续，发达经济体和新兴经济体的长期失业率（即失业时间长达 12 个月或以上的人口比重）均出现了增长（图 1.5）。自 2009 年第一季度以来，全球失业率增长了 10 多个百分点（新增失业人口 600 万），这种长期失业率增长的状况在发达经济体表现尤其明显。

此外，很多失业人口已丧失信心，并已开始整体离开劳动力市场——自 2009 年第一季度以来，发达经济体已有 800 多万人离开劳动力市场（非经济活动人口率增长了 0.5 个百分点）。此类发展状况有可能长期降低潜在就业水平，从而减少

专栏 1.2 就业质量的下降：以欧盟为例

2010 年，欧洲临时性就业的增长弥补了其他工作机会丧失的局面（图 1.4）。[1] 事实上，在 2010 年的各季度，除临时性就业以外的其他形式的就业机会出现了不同程度的减少，仅在 2011 年第一季度才适度增长。不过，临时性就业往往具有周期性，同时薪酬普遍大大低于正规性的工作；此外，鉴于劳动力市场的不稳定性与不正常的就业状况有关，青年增加预防性储蓄也可能是导致消费水平降低的原因之一。[2]

图 1.4 欧盟 27 个成员国按照就业类型划分的就业发展状况，2008—2011 年

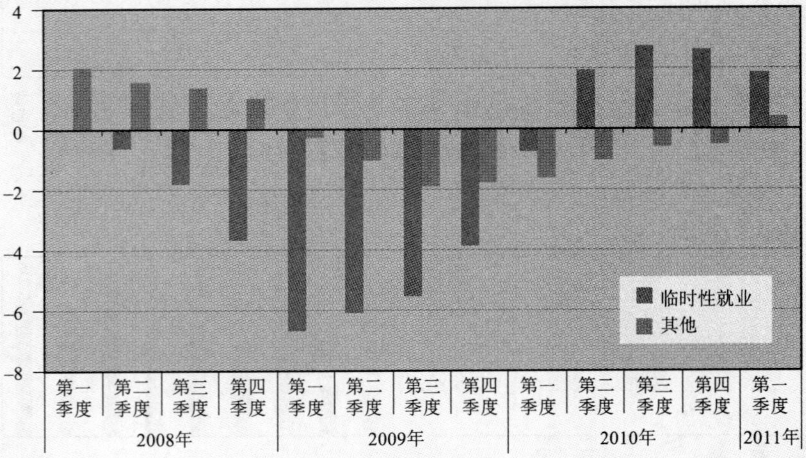

资料来源：国际劳工研究所基于经合组织就业数据库。

图 1.5 长期失业率和非经济活动人口率（百分比）

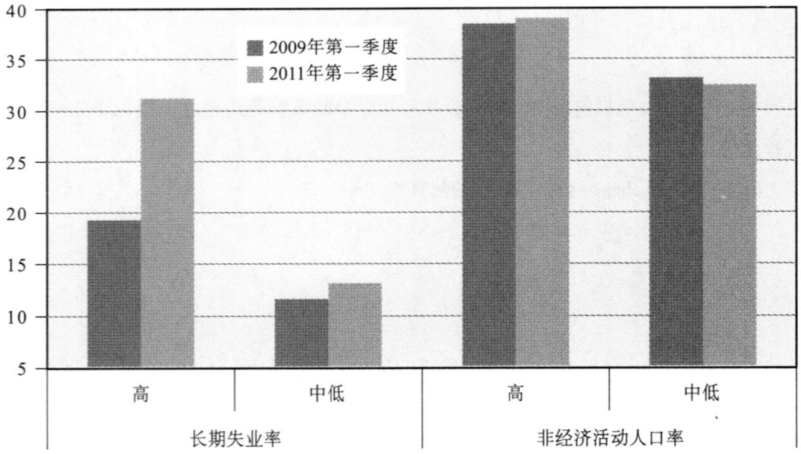

资料来源：国际劳工研究所基于 LaborStat 数据库数据的估算值。

---

1 国际劳工研究所的估算数据显示，那些在最初时期临时性就业较多的国家，其失业率的增幅相对更大。例如，在提供有信息的国家中，临时性就业率每增加 1 个百分点，就将导致失业率增加 1.7 个百分点。

2 参见国际劳工组织（2009 年）和圭索等人（1992 年）。

未来的发展机会。劳动力参与率的不断降低以及结构性失业率的不断增长（这种状况在20世纪90年代初在欧洲表现尤其明显），可能导致通胀压力，使得政府的货币和财政政策出现重大再调整，从而对长期就业和收入增加带来负面影响。

第二节　就业前景：新增就业状况不足

短期就业前景显著恶化，造成巨大的就业缺口……

以上描述的经济急剧且普遍放缓，将对短期内的新增就业状况造成显著影响。[1] 预计总体的新增就业仍将保持正数，但若考虑工作年龄人口（绝大多数为青年）的强劲增长，要将就业率恢复至2007年的水平，在未来两年内（即2012年和2013年）还必须新增8000万个就业岗位（表1.2）。[2] 不过，近期经济活动的放缓表明世界经济可能仅能创造一半多一点的所必需的就业岗位。因此，未来两年内的就业缺口将接近4000万个。该问题在发达经济体将尤其严重——发达经济体的就业缺口将占全球就业缺口总量的一半以上。

……从而进一步推迟发达经济体的复苏进程……

根据目前的经济增长估计，发达经济体的就业增长将至少在2016年才能恢复至危机前的水平（图1.6第一组）。鉴于近期市场动荡不定，在相对更为悲观的增长情形下（即再下调1个百分点），就业状况将需要更长的时间才能恢复至危机前的水平，并造成与基准线相比大约2%的就业缺口。同样，在悲观情形下的就业人口比率仍将保持在69%以下，并大大低于危机前所达到的71%的最高值。

表1.2　2012—2013年期间的估计就业缺口

地区	要达到2007年的就业率，在未来两年内必须新增的就业岗位（百万）	2012—2013年预计新增就业岗位（百万）	就业缺口（百万）
发达经济体	27.2	2.5	-24.7
新兴和发展中经济体	52.8	37.7	-15.1
全球	80.0	40.1	-39.9

注：就业和劳动年龄人口是指年满15岁及以上的人口。

资料来源：国际劳工研究所基于Laborsta数据库和《劳动力市场关键指标》（KILM）的估算值（参见附录B）。

1　本节的预测值利用了就业—产值弹性系数，该系数是通过对先前几次危机期间经济增长对就业的影响进行计量经济分析得出的估算值；有关方法论的考虑因素，参见附录B。

2　就业率是指就业人口占工作年龄人口的比率。

图 1.6　就业预测：发达经济体

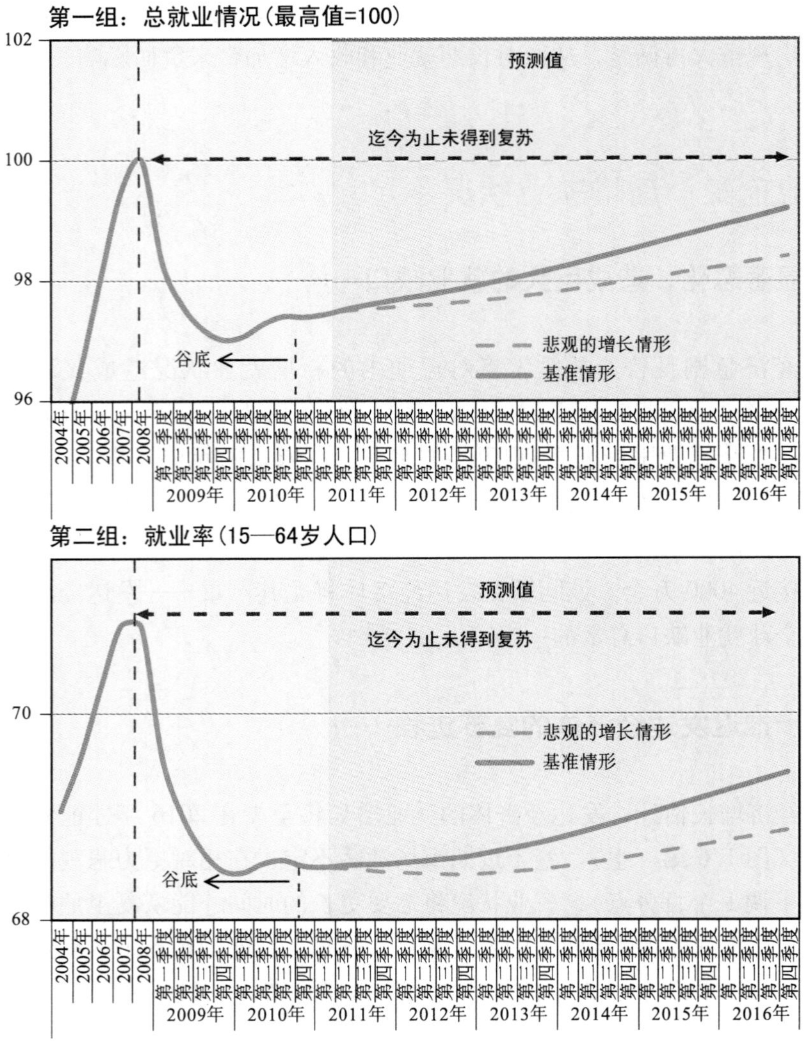

注：有关方法论，参见附录 B。
资料来源：国际劳工研究所基于国际劳工组织 Laborsta 数据库和国际货币基金组织的估算值（2011b）。

……并延缓新兴经济体的就业增长步伐……

经济复苏使新兴经济体受益匪浅：贸易的正增长以及投资增加的推动作用，使得新兴经济体很快创造了众多就业机会（图 1.7 第一组）。因此，新兴经济体得以在危机爆发后不到两年内将其就业率恢复至危机前的水平。展望今后，预计新兴经济体的经济增长将低于此前的预期值，其部分原因在于发达经济体的溢出效应以及通胀压力加大影响经济增长前景。因此，在新兴经济体中，尽管新增就业仍将保持强劲，但总体就业增长速度将会放慢。新兴经济体的就业率预计将在 2012 年恢复至危机前的水平，如果将经济增长率下调 1 个百分点，就业率恢复的时间将推迟至 2014 年（图 1.7 第二组）。

……和发展中经济体的就业增长。

发展中经济体的就业人口持续增长，如同新兴经济体一样，新增就业仅出现了临时性放缓的局面（图 1.8 第一组）。然而，在工作年龄人口快速增长的背景

图 1.7 就业预测：新兴经济体

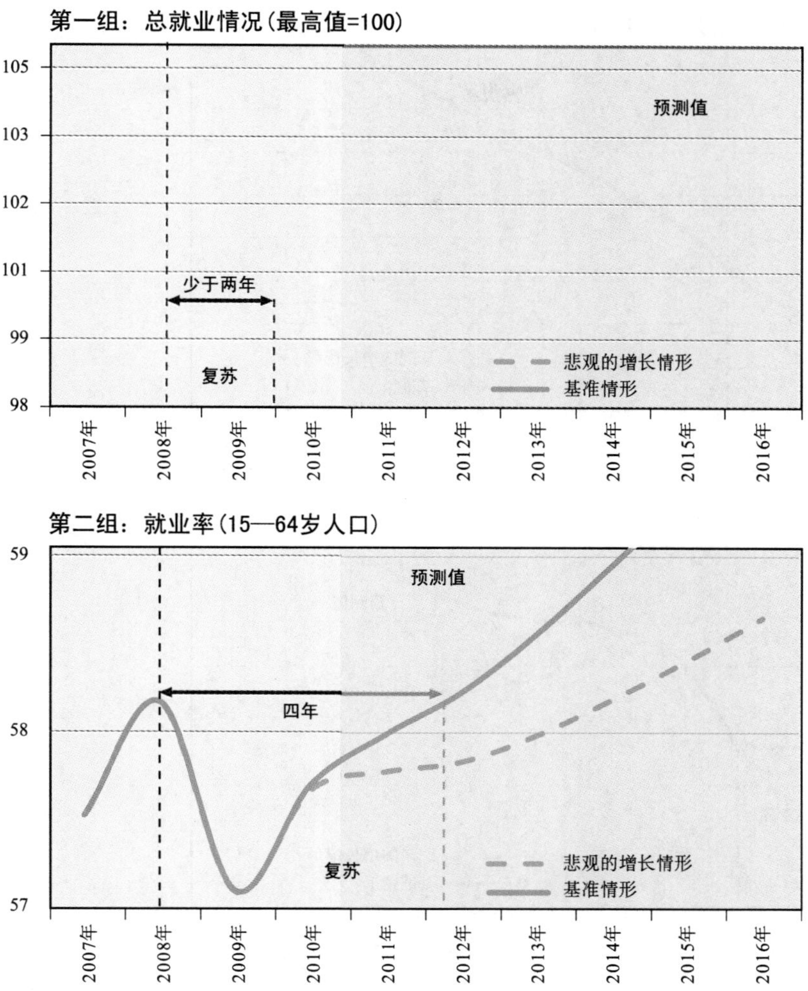

注：有关方法论，参见附录 B。
资料来源：国际劳工研究所基于国际劳工组织 Laborsta 数据库和国际货币基金组织的估算值（2011b）。

下，预计就业率在 2013 年前将相对停滞不前，此后才会得到恢复（图 1.8 第二组）。不过，如果经济发展前景进一步恶化（悲观情形），今后两年内发展中经济体的就业率将会降低，在 2014 年才能再度出现增长。

第三节 社会福祉和社会动荡的近期发展趋势[1]

在劳动力市场状况不断恶化的背景下，全球社会状况也随之继续恶化。紧随中东和北非地区的骚乱之后，发达国家的街头示威和抗议活动也大量增加。事实上，根据 2010 年对全球 150 多个国家和地区开展的全球调查结果显示，世界各地的社会经济不稳定状况有所加剧。

---

1 本节的分析是基于盖洛普世界调查的最新全球调查数据。在本节中，数据是按照国际劳工组织的地区划分方法来列举的，因此匈牙利和波兰包括在中欧和东南欧以及独联体地区内，而非发达经济体中。

图 1.8　就业预测：发展中经济体

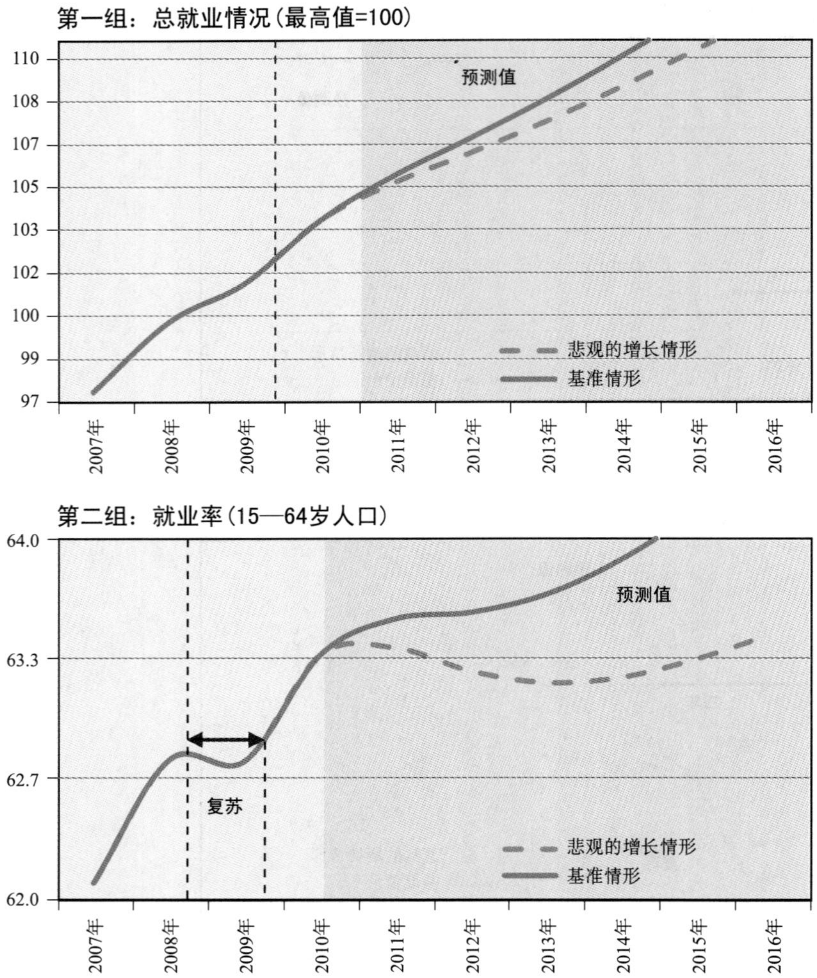

注：有关方法论，参见附录 B。
资料来源：国际劳工研究所基于国际劳工组织 Laborsta 数据库和国际货币基金组织的估算值（2011b）。

社会动荡局面不断升温，发达经济体尤其如此……

在提供 2009 年和 2010 年盖洛普调查数据的 119 个国家中，40% 的国家社会动荡指数得分出现了上涨（得分越高，则估计的社会动荡局面越严重）。[1] 重要的是，在比较不同国家和地区的社会动荡水平时必须注意，这是因为人们对自由和民主的状况满意或不满意的构成因素等的看法往往存在很大的差异。不过，地区和国家内部的变化，对于评估长期的变化是极富洞察力的来源。

1　社会动荡指数是利用以下变量及其相应的权重（括号中）来构建的：表示对其本国政府缺乏信心的受访者人数百分比（0.3）；表示其生活水平下降的受访者人数百分比（0.2）；表示对其国家自由度不满意的受访者人数百分比（0.2）；表示其本国经济状况恶化的受访者人数百分比（0.2）；可以上网的受访者人数百分比（0.1）。权重基于其他社会和政治动荡指数（参见附录 C）。

图 1.9　社会动荡风险性的变化（0—1），2006—2010 年

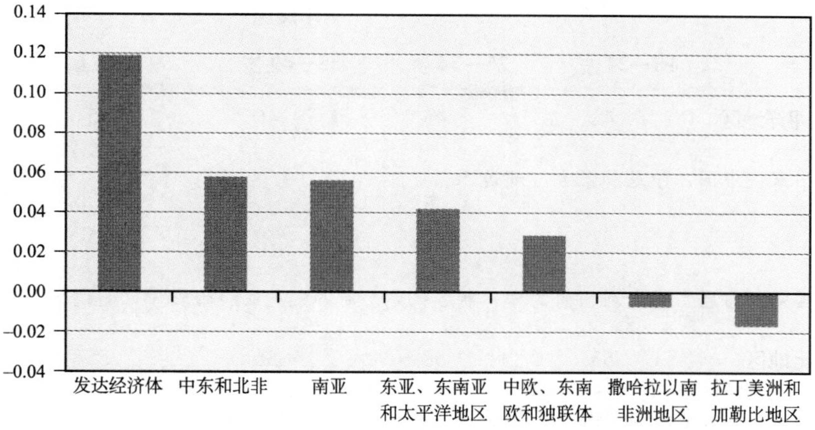

注：正值表示社会动荡估计风险增加（参见附录 C）。

资料来源：国际劳工研究所基于 2011 年盖洛普世界调查数据的估算值。

图 1.10　对本国政府有信心的人数（百分比变化），2006—2010 年

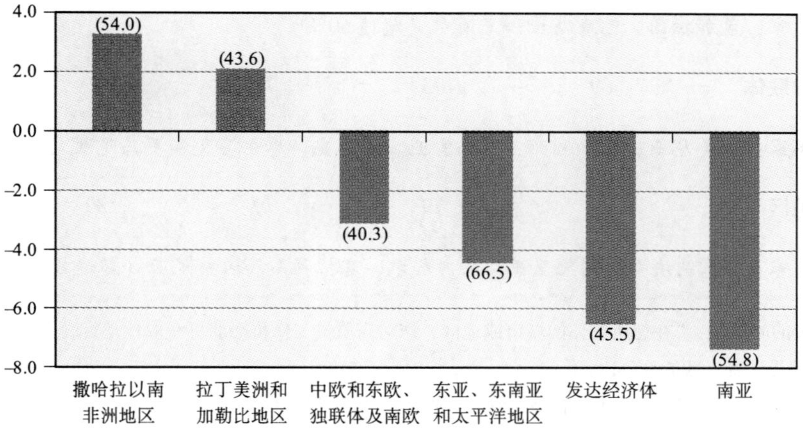

注：括号中的数字是 2010 年表示对其政府有信心的受访者人数百分比。该图包括对以下问题回答“是”的受访者人数百分比，该问题是：“在本国，您对以下各项内容是有信心，还是没有信心？对本国政府是否有信心？”对于中东和北非地区，由于 2006 年和 2010 年的回复率较低，该数据是指 2008 年和 2009 年的数据。

资料来源：国际劳工研究所基于 2011 年盖洛普世界调查数据的估算值。

2010 年，除拉丁美洲和加勒比地区以及撒哈拉以南非洲地区外，世界其他地区的社会动荡指数均出现上涨（图 1.9）。其中，发达经济体的增幅最大，中东、北非和南亚地区也出现显著增长。

……对就业前景的不满意程度尤其高。

几乎在所有地区，绝大多数的人都不满意高质量工作的可获取性（表 1.3）。中欧、东欧和独联体以及撒哈拉以南非洲地区的不满意度最高，分别超过 70% 和 80%。在近期社会和政治动荡的中心地区——中东和北非地区，就业不满意率略微低些，为 60%。当然，在该地区内，各国之间存在显著差异，2010 年，在埃及、约旦和黎巴嫩，超过 3/4 的人不满意高质量工作的可获取性。在发达经济体

表 1.3　2010 年按年龄组划分的对高质量工作的可获取性不满意率（百分比）

	年龄组				
	15—24 岁	25—34 岁	35—49 岁	50 岁以上	总计
东亚、东南亚和太平洋地区	42	45	46	45	44
不满意率最高的国家：中国、印尼和蒙古（超过 50%）。					
发达经济体	52	56	59	55	55
不满意率最高的国家：希腊、意大利、葡萄牙、斯洛伐克、斯洛文尼亚和西班牙（超过 70%）。					
拉丁美洲和加勒比地区	53	58	56	55	55
不满意率最高的国家：多米尼加共和国、厄瓜多尔、海地、尼加拉瓜和乌拉圭（超过 60%）。					
中东和北非	58	61	60	61	59
不满意率最高的国家：埃及、约旦、黎巴嫩、苏丹和也门（超过 75%）。					
南亚	63	62	64	62	63
不满意率最高的国家：孟加拉国、巴基斯坦和尼泊尔（超过 60%）。					
中欧、东南欧和独联体	69	73	74	71	71
不满意率最高的国家：亚美尼亚、保加利亚、格鲁吉亚、立陶宛、摩尔多瓦和罗马尼亚（超过 80%）。					
撒哈拉以南非洲地区	79	79	79	80	79
不满意率最高的国家：布基纳法索、利比里亚、塞内加尔、塞拉利昂和坦桑尼亚（超过 85%）。					

注：针对调查者的问题是："在您所居住的城市或地区，您对高质量工作机会的可获取性是否满意？"本表中显示的是回答"不满意"的受访者人数的百分比。

资料来源：国际劳工研究所基于 2011 年盖洛普世界调查数据的估算值。

中，希腊、意大利、葡萄牙、斯洛伐克、斯洛文尼亚和西班牙的问题尤其严重，在这些国家中，超过 70% 的受访者对就业市场表示不满。

在危机爆发后表现相对较好的地区，如东亚和东南亚以及拉美地区，对就业市场的不满意率要低得多。不过也有例外，例如在中国，超过 50% 的人表示不满意。同样，拉丁美洲和加勒比地区国家，如多米尼加共和国、厄瓜多尔、海地、尼加拉瓜和乌拉圭，超过 60% 的人对就业市场状况表示不满。

自危机爆发以来，人们对政府的信心显著恶化……

近期数据显示，自危机爆发以来，人们对政府的信心一直保持低水平并开始减弱。除拉丁美洲和加勒比地区以及撒哈拉以南非洲地区外，其他所有地区的信心指数均出现了下降（图 1.10）。事实上，在提供有信息的 99 个国家中，50% 的国家的民众在 2010 年时对政府的信心低于 2006 年。在总体水平方面，不同国家类别的比重各不相同。中欧和东欧以及独联体、发达经济体和拉丁美洲和加勒比地区的信心指数最低，2010 年超过半数的受访者表示对其政府没有信心。

图 1.11　认为生活水平下降的人数变化（百分比），2006—2010 年

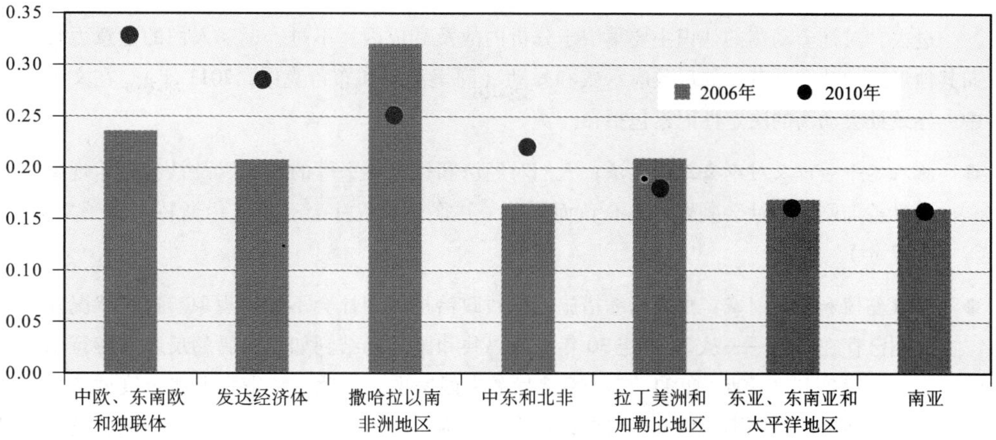

注：针对调查者的问题是："目前您认为您的生活水平是得到改善了还是下降了？"上述数据是指回答其生活水平有所下降的受访者人数的百分比。

资料来源：国际劳工研究所基于 2011 年盖洛普世界调查数据的估算值。

图 1.12　影响社会动荡的决定性因素，2010 年

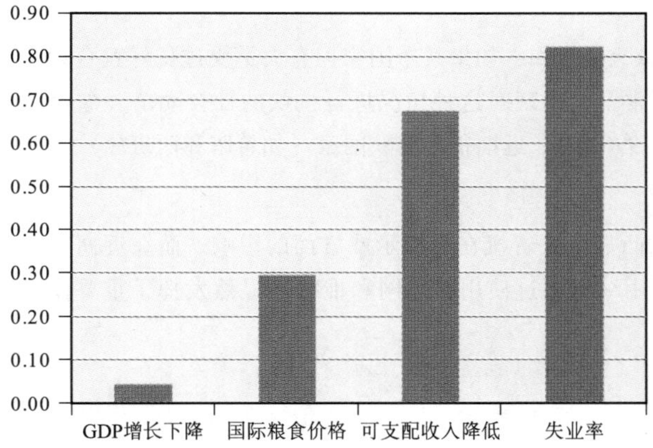

注：纵轴指估计的标准化系数的量级。失业率和国际粮食价格变动 1% 在统计学上才有意义。有关收入不平等指标的近期数据仅有少数几个国家提供，这些数据因此排除在回归分析之外，以保持一定的自由度。有关具体的分析方法，参见附录 C。

资料来源：国际劳工研究所基于盖洛普世界调查、国际劳工组织、国际货币基金组织、经合组织和世界银行的数据得出的估算值。

……对生活水平的看法也是如此。

在提供有数据的 118 个国家中，58% 的国家里表示其 2010 年的生活水平比 2006 年下降的人口比重增加。这种增长在中欧和东南欧地区以及独联体尤其明显。在上述两个地区，表示其生活水平下降的人数比例从 2006 年的 23% 增至 2010 年的 33%（图 1.11）。同样的增长也出现在发达经济体（从 1/5 增至接近 1/3）及中东和北非地区（从 16% 增至 22%）。仅在拉丁美洲和加勒比地区以及撒哈拉以南非洲地区，人们认为其生活水平得到了显著改善（在南亚和东南亚地区，该数字保持不变，约为 16%）。

专栏 1.3　导致社会动荡的决定性因素

过去，对社会动荡的认识主要集中于分析内战及其成因。不过，近来人们的注意力转向其他形式的社会动荡，如反政府示威和暴动（阿里泽凯和布鲁克纳，2011 年）。在文献中，导致社会动荡的决定性因素包括：

- *收入不平等以及对不公正的看法*：人们对经济和社会不平等的看法以及社会排斥现象的日益加剧，对社会凝聚力具有负面影响，并往往导致社会动荡（伊斯特利和莱文，1997 年）。
- *财政整顿和预算削减*：财政紧缩措施已导致政治抗议和社会不稳定现象。这种状况在欧洲已存在多年——从 20 世纪 30 年代魏玛共和国的终结到如今希腊的反政府游行示威（彭蒂塞利和沃斯，2011 年）。众多发展中国家也是如此，特别是那些过度城市化发展的地区。在国际货币基金组织或世界银行强行实施紧缩计划后，上述地区的抗议活动开始增多（沃尔顿和拉金，1990 年）。同时，在那些负债更为严重的社会，其社会动荡的程度往往相对更高（胡，2003 年）。
- *粮食价格的上涨*：除了普遍对民主进程感到失望外，粮食价格的不断上涨也是引发“阿拉伯之春”的重要原因之一（贝勒马尔，2011 年）。
- *政府滥用武力*：在那些国家中，如果政府过度诉诸武力（政治和军事行动）来应对社会动荡，而非关注导致社会动荡的实际因素，此类行动往往使得局势更加恶化（贾斯汀诺，2007 年）。
- *受过良好教育但对现状不满的民众大量存在*：如果某个国家拥有大量受过良好教育青年，但就业前景有限，这些国家常常会出现对这种情况进行抗议的社会动荡（詹金斯，1983 年；詹金斯和华莱士，1996 年）。近期很多南欧国家（如希腊和西班牙）就是如此。
- *大众媒体的盛行*：此前的研究已凸显了收音机在组织示威方面的影响。而在近期发生的社会动荡方面，互联网的使用（即通过使用脸谱网和推特）显然发挥了重要作用。

就业状况，而非经济增长，是导致社会动荡的决定性因素之一。

显而易见，导致社会动荡的根本性因素有很多（有关导致社会动荡的决定性因素的文献概述，参见专栏 1.3）。例如，在中东和北非地区，缺乏更多表达民众不满的民主渠道是导致近期该地区社会动荡的主要推动因素之一。同时，在世界其他地区，主要是发达经济体，缺乏就业机会以及社会不公平似乎是引发众多抗议的主要因素。对导致社会动荡的决定性因素的实证评估研究表明，失业状况以及可支配收入与社会动荡的潜在风险密切相关（图 1.12）。此外，粮食价格的不断上涨也是导致社会动荡加剧的因素之一。相反，在此方面，经济增长的重要性要小得多。

第四节　让市场为就业服务：未来对策

将世界经济重新纳入复苏之路，现在还为时不晚。但是，必须首先且彻底地解决那些导致危机的结构性根本问题。与此同时，必须为劳动力市场提供直接支持。否则，失业、需求疲软和增长放缓的恶性循环将长期持续下去。

重视有利于创造就业机会的投资

鉴于私人部门在可持续复苏进程中必须发挥的重要作用，本报告第二章从金融和其他方面，分析了企业利润在金融危机爆发前及其期间的演变过程。本章重点阐述了非金融行业资本比重的发展情况，以便找到导致投资不断下降（尤其是在发达经济体）的根本原因。更为重要的是，本章分析了上述发展趋势对创造就业机会的影响。特别是，本章建立了多种情形，模拟不同的政策可能对释放投资潜力、从而鼓励新增就业方面所带来的影响。

制定有助于支持复苏的公平有效的工资政策

第三章分析了劳动者的收入比重在不同时期和各个地区之间不断下降的发展趋势，探讨了劳动者的技能和行业构成的变动情况。在此基础上，本章力图确定导致该比重下降的因素，重点分析了经济一体化、劳动力市场机制和劳动力市场改革在决定总体收入分配方面所发挥的作用。此后，本章在考虑到各国具体情况的前提下，分析了有效的工资政策可以通过何种方式推动各国摆脱全球经济危机，步入持续复苏的轨道。

关注粮食安全和体面工作

如同上述第三节所阐述的，粮食价格的不断上涨也是引发社会动荡的因素之一。尽管粮食危机早已存在，发展中经济体迅猛增长的人口对本已有限的粮食供应日益带来更大的压力——对贫困和发展前景造成了更为普遍的负面影响。此外，粮食价格的上涨对公共财政也带来了压力（增加财政补贴），使得用于社会保障、创造就业和农村发展的政策空间相对减小。目前，各国政府面临的挑战是如何通过为最需要帮助的人口提供直接援助来提高粮食安全性，同时采取有助于保持物价稳定的中长期措施。第四章分析了粮食价格上涨在宏观经济、劳动力市场和社会方面的影响，并分析了导致粮食价格上涨的原因，探讨了政策方面的重大挑战。

实施税收改革

自 2008 年金融危机爆发以来，各国政府的税收收入下降，财政支出大幅增加，导致全球财政赤字不断恶化。第五章分析了雇主和资本所有者将税负转嫁给工人（通过降低净工资）和消费者（承担增值税的负担）的程度。本章还重点阐述了税收改革的关键领域，这些税收改革的目的在于：（1）通过增加对其他税收形式的依赖性，如非工薪收入征税来提高税收收入；（2）改善纳税遵从性，减少逃税漏税的现象。

保持就业目标和财政紧缩之间的一致性

基于财政紧缩以及急需刺激投资和就业的双重压力，第六章旨在确定这两个似乎互相冲突的目标可以同时实现的程度。首先，本章从就业和财政的角度阐述了预算削减可能产生的事与愿违的程度。随后，本章评估了得到良好设计的劳动力市场政策如何在财政空间有限的背景下给就业带来最大限度的积极影响。

附录 A
按照收入水平划分的国家类别

国家（英文缩写）	收入水平类别[1]
澳大利亚（AUS）	高收入
亚美尼亚（ARM）	下中等收入
奥地利（AUT）	高收入
阿塞拜疆（AZE）	上中等收入
白俄罗斯（BLR）	上中等收入
比利时（BEL）	高收入
玻利维亚（BOL）	下中等收入
巴西（BRA）	上中等收入
加拿大（CAN）	高收入
智利（CHL）	上中等收入
中国（CHN）	上中等收入
哥伦比亚（COL）	上中等收入
塞浦路斯（CYP）	高收入
捷克共和国（CZE）	高收入
丹麦（DNK）	高收入
埃及（EGY）	下中等收入
爱沙尼亚（EST）	高收入
芬兰（FIN）	高收入
法国（FRA）	高收入
危地马拉（GTM）	下中等收入
德国（DEU）	高收入
希腊（GRC）	高收入
匈牙利（HUN）	高收入
印度（IND）	下中等收入
伊朗（IRN）	上中等收入
爱尔兰（IRL）	高收入
意大利（ITA）	高收入
日本（JPN）	高收入
哈萨克斯坦（KAZ）	上中等收入
韩国（KOR）	高收入
吉尔吉斯斯坦（KGZ）	低收入
拉脱维亚（LVA）	上中等收入
立陶宛（LTU）	上中等收入
卢森堡（LUX）	高收入
马耳他（MLT）	高收入
墨西哥（MEX）	上中等收入
蒙古（MNG）	下中等收入
摩洛哥（MAR）	下中等收入
荷兰（NLD）	高收入
尼日尔（NER）	低收入
挪威（NOR）	高收入
波兰（POL）	高收入
葡萄牙（PRT）	高收入
罗马尼亚（ROU）	上中等收入
俄罗斯联邦（RUS）	上中等收入
塞尔维亚（SCG）	上中等收入
斯洛伐克共和国（SVK）	高收入
斯洛文尼亚（SVN）	高收入
南非（ZAF）	上中等收入
西班牙（ESP）	高收入
瑞典（SWE）	高收入
瑞士（CHE）	高收入
突尼斯（TUN）	上中等收入
英国（GBR）	高收入
美国（USA）	高收入
委内瑞拉（VEN）	上中等收入

1. 收入类别是按照世界银行国家分类，按人均国民收入来划分的，见：http://go.worldbank.org/K2CKM78CC0。高收入国家是指人均国民总收入（GNI）不低于12276美元的国家；上中等收入国家是指人均国民总收入在3976美元—12275美元之间的国家；下中等收入国家是指人均国民总收入在1006美元—3975美元之间的国家；低收入国家是指人均国民总收入不超过1005美元的国家。

附录 B
金融危机对就业的影响：实证分析

本章第二节提供了从 2011 年到 2016 年的就业预测，这些预测的依据是以下国家在过去经历的危机，并且这些国家有足够的历史时间序列数据：

- 发达经济体或高收入国家：对本组的计量经济分析是依据 22 个国家的 26 次危机[1] 和 737 个观测值。本组国家包括：澳大利亚、加拿大、捷克共和国、丹麦、爱沙尼亚、芬兰、法国、德国、匈牙利、冰岛、以色列、意大利、日本、韩国、新西兰、挪威、葡萄牙、斯洛伐克、西班牙、瑞典、英国和美国。[2]
- 新兴经济体或上中等收入国家：基于 26 个国家和 33 次危机：阿尔及利亚、阿根廷、白俄罗斯、巴西、保加利亚、智利、哥伦比亚、哥斯达黎加、多米尼加共和国、牙买加、哈萨克斯坦、拉脱维亚、立陶宛、马其顿、马来西亚、毛里求斯、墨西哥、巴拿马、波兰、罗马尼亚、俄罗斯联邦、塞尔维亚、苏里南、土耳其、乌拉圭和委内瑞拉，在本次分析中参考了 211 个观测值。[3]
- 发展中经济体或下中等收入国家：基于 17 个国家和 21 次危机：阿尔巴尼亚、亚美尼亚、玻利维亚、中国、厄瓜多尔、埃及、萨尔瓦多、格鲁吉亚、洪都拉斯、印度、印度尼西亚、摩尔多瓦、尼加拉瓜、巴拉圭、菲律宾、斯里兰卡和泰国，在本次分析中参考了 115 个观测值。[4]

---

1 在对本组的分析中考虑了以下危机：澳大利亚，1989—1992 年；加拿大，1983—1985 年；捷克共和国，1996—2000 年；丹麦，1987—1992 年；爱沙尼亚，1998 年；芬兰，1991—1995 年；法国，1994—1995 年；德国，20 世纪 70 年代后期；匈牙利，1991—1995 年；冰岛，1975 年；冰岛，1989 年；以色列，1977 年；以色列，1985 年；意大利，1981 年；意大利，1990—1995 年；日本，1997—2001 年；韩国，1997—1998 年；新西兰，1987—1990 年；挪威，1991—1993 年；葡萄牙，1983 年；斯洛伐克，1998—2000 年；西班牙，1977—1981 年；瑞典，1991 年；英国，1974—1976 年；英国，20 世纪 80 年代—90 年代；美国，1988 年。所有组合中涉及的危机都是在拉埃文和瓦伦西亚 2010 年和 2008 年研究的基础上进行划分。

2 请注意高收入组比其他组包含更多的观测值，因为对前者的分析是基于季度信息而非年度信息。

3 在对本组的分析中考虑了以下危机：阿尔及利亚，1990—1994 年；阿根廷，1989—1991 年；阿根廷，1995 年；阿根廷，2001—2003 年；白俄罗斯，1995 年；巴西，1994—1998 年；保加利亚，1996—1997 年；智利，1981—1985 年；哥伦比亚，1982 年；哥伦比亚，1998—2000 年；哥斯达黎加，1987—1991 年；哥斯达黎加，1994—1995 年；多米尼加共和国，2003—2004 年；牙买加，1996—1998 年；哈萨克斯坦，1999 年；拉脱维亚，1995—1996 年；立陶宛，1995—1996 年；马其顿，1993—1995 年；马来西亚，1997—1999 年；毛里求斯，1996 年；墨西哥，1994—1996 年；巴拿马，1988—1989 年；波兰，1992—1994 年；罗马尼亚，1990—1992 年；俄罗斯联邦，1998 年；塞尔维亚，2000 年；苏里南，1990 年；土耳其，1982—1984 年；土耳其，2000 年；乌拉圭，1981—1985 年；乌拉圭，2002—2005 年；委内瑞拉，1994—1998 年；委内瑞拉，2002 年。

4 在对本组的分析中考虑了以下危机：阿尔巴尼亚，1994 年；亚美尼亚，1994 年；玻利维亚，1986 年；玻利维亚，1994 年；中国，1998 年；厄瓜多尔，1982—1986 年；埃及，1990 年；萨尔瓦多，1989—1990 年；格鲁吉亚，1999 年；洪都拉斯，1990 年；印度，1993 年；印度尼西亚，1997—2001 年；摩尔多瓦，1999 年；尼加拉瓜，1990—1993 年；尼加拉瓜，2000—2001 年；巴拉圭，2002 年；菲律宾，1983—1986 年；菲律宾，1997—2000 年；斯里兰卡，1989—1991 年；泰国，1983 年；泰国，1997—2000 年。

这些预测使用了产出—就业弹性值，这是通过对过去金融危机对就业的影响进行计量经济学分析的方法估算出来的。这些预测通过将每个集团的就业弹性按国家应用于国际货币基金组织《世界经济展望》（2011 年 9 月）（IMF，2011a）的 GDP 增长预测得到（预计从 2010 年起）。[1] 在这个意义上，这种方法考虑了来自滞后 GDP 增长率的所有统计上显著的局部弹性，具体做法是将它们按国家应用于相应时期的 GDP 增长率。

就业增长（e_{it}^{L}）对 GDP 变化的弹性是通过对上面列出的三组国家使用奥肯定律面板回归（按照埃斯库德罗 2009 年提出的方法）来计算得到的。分别就每组国家独立对下式中的变量进行估计：

$$e_{it}^{L} = \beta_1 \Delta Y_{it} + \beta_2 \Delta Y_{it-n} + \varepsilon_{it} \tag{1}$$

其中 L_{it} 相当于年度（对高收入国家是季度）就业增长率，而 ΔY_{it} 是解释变量，通过被分析国家 GDP 年度（对高收入国家是季度）增长率来测量。估计中包括了一个或更多的 GDP 滞后增长率，这取决于分析哪一组国家。表 1B. 1 归纳了所使用的不同变量及其资料来源和定义。

为了构造面板模型，危机年份前后的就业增长率数据集合在一起并以 $t0$ 为中心。这一特定危机的中心时期代表国家经历最低 GDP 年度/季度增长率的年份。通过这种方法，高收入国家在过去危机的复苏阶段期间的平均 26 个就业增长记录（$t-8$ 到 $t+25$）与上中等收入和下中等收入国家在过去危机的复苏阶段期间的九个就业增长记录（$t-2$ 到 $t+6$）构成了一个面板模型。表 1B. 2 所示为表述这些弹性的计量经济学估值的综述。

考虑到数据集合的独特性，再次开展了回归计算对异方差性进行解释。为确保一个或多个国家没有影响到结果，通过一次减少一个被分析国家的方法估计缩减的回归。此外，表 1B. 3 所示为广义最小二乘法估计值和对自相关误差项的控制变量。在表 1B. 3 的所有组中可以看到，所有系数均维系在高显著水平，而且不同的估计方法之间的估计效应的绝对大小几乎没有变化，这给定了估计效应的置信区间。

---

1 IMF 对特定国家的年度预测使用“有效周期利率”计算转换成季度增长率，然后用于确定高收入国家组的未来就业的季度增长率。

表 1B.1　回归分析中所使用的变量的定义和资料来源

变量	定义	资料来源
GDP 年增长率	按本国货币计算得出的实际 GDP 年增长率	国际劳工研究所依据国际货币基金组织于 2010 年 4 月出版的《世界经济展望》（WEO）的计算结果
GDP 季度增长率	按本国货币计算得出的实际 GDP 季度增长率	国际货币基金组织的国际金融统计数据库，以及经合组织《经济展望》第 87 期
高收入国家的就业增长率	就业总人数的季度增长率	经合组织《经济展望》第 87 期
上中等收入国家的就业增长率	就业总人数的年度增长率	国际劳工组织 Laborsta 数据库
下中等收入国家的就业增长率	就业总人数的年度增长率	国际货币基金组织的国际金融统计数据库
金融危机的频率	所分析国家的金融危机时间段	作者基于拉埃文和瓦伦西亚 2010 年和 2008 年的研究得出的估算数据

表 1B.2　回归结果

	发达经济体	新兴经济体	发展中经济体
GDP（年增长率）	0.0238 (3.39)**	0.2785 (5.69)**	0.0481 (0.61)
GDP 的滞后值 1	0.0311 (4.16)**		0.2624 (3.45)**
GDP 的滞后值 2	0.0347 (4.52)**		
GDP 的滞后值 3	0.0289 (3.75)**		
GDP 的滞后值 4	0.0124 (1.68)*		
GDP 的滞后值 5	0.0126 (1.88)*		
常量	0.0123 (0.37)	0.4126 (1.51)	0.3731 (0.81)
固定效应	是	是	是
观测值	737	211	115
危机数量	26	33	21

注：基于普通最小二乘法估计。所有回归都针对国家固定效应进行控制。括号中为 t－统计数据的绝对值（在自回归测试中为 z－统计数据）。显著性水平：*5% 为显著；**1% 为显著。国家类别请参见附录 A。

表 1B.3　替代估计值

第一组：发达经济体

	基准方程	广义最小二乘估计	广义最小二乘估计（异方差性）	广义最小二乘估计（自相关误差）
GDP（年增长率）	0.0238 (3.39)**	0.0291 (4.05)**	0.0658 (6.31)**	0.0571 (6.17)**
GDP的滞后值1	0.0311 (4.16)**	0.0397 (5.27)**	0.0839 (8.29)**	0.0840 (8.28)**
GDP的滞后值2	0.0347 (4.52)**	0.0455 (5.98)**	0.0724 (7.21)**	0.0756 (7.26)**
GDP的滞后值3	0.0289 (3.75)**	0.0399 (5.28)**	0.0669 (6.72)**	0.0673 (6.48)**
GDP的滞后值4	0.0124 (1.68)*	0.0207 (2.82)**	0.0407 (4.09)**	0.0427 (4.19)**
GDP的滞后值5	0.0126 (1.88)*	0.0167 (2.42)*	0.0223 (2.21)**	0.0235 (2.56)**
常量	0.0123 (0.37)	-0.0233 (-0.69)	-0.1517 (-6.96)	-0.1529 (-4.99)
观测值	737	737	737	737
危机数量	26	26	26	26

第二组：新兴经济体

	基准方程（异方差性）	广义最小二乘估计	广义最小二乘估计（异方差性）	广义最小二乘估计（自相关误差）
GDP（年增长率）	0.2785 (5.69)**	0.3140 (6.70)**	0.3063 (9.21)**	0.3025 (8.95)**
常量	0.4126 (1.51)	0.3165 (1.11)	0.4423 (2.24)*	0.4303 (1.98)*
观测值	211	211	211	211
危机数量	33	33	33	33

第三组：发展中经济体

	基准方程（异方差性）	广义最小二乘估计
GDP（年增长率）	0.0481 (0.61)	0.0138 (0.18)
GDP的滞后值1	0.2624 (3.45)**	0.2536 (3.20)**
常量	0.3731 (0.81)	0.2829 (0.60)
观测值	115	115
危机数量	21	21

注：所有回归都针对国家固定效应进行控制。括号中为t-统计数据的绝对值（在自回归测试中为z-统计数据）。显著性水平：* 5%为显著；**1%为显著。国家类别请参见附录A。

附录 C

导致社会动荡的决定性因素：实证分析

本章第三节使用来自 56 个国家和地区的数据，分析了 2006—2010 年期间导致社会动荡的决定性因素。这些国家和地区包括：阿尔及利亚、阿根廷、澳大利亚、奥地利、阿塞拜疆、比利时、巴西、保加利亚、加拿大、智利、中国、哥伦比亚、克罗地亚、捷克共和国、丹麦、厄瓜多尔、埃及、爱沙尼亚、芬兰、法国、德国、希腊、中国香港、匈牙利、印度尼西亚、爱尔兰、以色列、意大利、日本、哈萨克斯坦、韩国、马来西亚、墨西哥、荷兰、新西兰、尼日利亚、秘鲁、菲律宾、波兰、葡萄牙、罗马尼亚、俄罗斯联邦、新加坡、斯洛伐克共和国、南非、西班牙、瑞典、瑞士、中国台湾、泰国、土耳其、乌克兰、英国、美国、委内瑞拉、越南。分析中包含的变量见表 1C. 1。

本计量经济学分析中使用的因变量为社会动荡得分。该指标采用盖洛普世界调查数据的几个变量，并给予其不同的权重计算得出。所使用的变量和权重详见表 1C. 2。

由于总失业率和青年失业率之间存在多元共线性，我们将这些变量分开，得出了以下计算模型：

$$SUit = \alpha I + lt + b1URT1564it + b2GDPit + b3GINIit + \beta 4INCit + \beta 5IFPit + eit \quad (1)$$

$$SUit = \alpha I + lt + b1URT1524it + b2GDPit + b3GINIit + \beta 4INCit + \beta 5IFPit + eit \quad (2)$$

其中，i 和 t 是横切面和时间下标；SU 是社会动荡分数；URT 是失业率（1564 是总失业率，1524 是青年失业率）。GDP 是实际 GDP 增长率；$GINI$ 是基尼系数；INC 是实际可支配收入；IFP 是国际粮食价格；ai 和 lt 是国家和时间固定效应；eit 是通常分配的误差项。我们采用固定效应估算方法，对上述模型进行了估算。

估算结果详见表 1C. 3。由于有关基尼系数的数据严重匮乏，我们在估算时去掉了这一变量，以便最大可能性地保持不同国家样本的平衡。此外，为了对不同估算系数的相对重要性得出部分结论，我们采用标准化变量开展了同样的回归分析（参见表 1C. 4）。

表 1C.1　回归分析中所使用的变量的定义和资料来源

变量	定义	资料来源
社会动荡分数	评分依据为：缺乏对本国政府的信心；认为生活水平下降；对自由和民主状况不满；认为本国经济恶化；对通信渠道的获取性。得分从 0—1，分数越高，则社会动荡的发生率和可能性越高。	盖洛普世界调查数据
失业率（15—64 岁）	年龄在 15—64 岁的失业人口占劳动力总人口的百分比。	国际货币基金组织《世界经济展望》，2011 年 4 月
实际 GDP 增长率	以美元不变价格计价的 GDP 增长率。	国际货币基金组织《世界经济展望》，2011 年 4 月
基尼系数	测评收入在一个经济体中的个人或家庭间的分配状况对完全公平分配的偏离程度。基尼系数为零代表收入分配完全公平，基尼系数为 1 则代表收入分配完全不公平。	世界银行《世界发展指标》
实际可支配收入	在考虑到通胀对购买力的影响之后的家庭收入。	经济学人信息部
青年失业率	15—24 岁失业人口占劳动力总人口的百分比。	国际劳工组织《劳动力市场关键指标》
国际粮食价格	按美元计价的国际粮食价格（2000 年 = 100）。	联合国贸易和发展会议

表 1C.2　社会动荡分数中使用的变量权重

变量	问与答	权重
对政府的信心	在您所在的国家，您对以下各项是否有信心？对本国政府是否有信心？答：没有。	0.3
生活水平	目前，您认为您的生活水平是得到改善还是下降了？答：下降了。	0.2
自由	在您所在的国家，您对您的生活中享有的自由度是否满意？答：不满意。	0.2
上网状况	您在家能够上网吗？答：能。	0.2
经济状况	目前，您认为本国的经济状况总体得到改善，还是恶化了？答：恶化了。	0.1

表 1C.3 对社会动荡分数中非标准化变量的估算值

	(1)	(2)	(3)	(4)
变量	社会动荡分数	社会动荡分数	社会动荡分数	社会动荡分数
失业率	0.0195***	0.0150***		
	(0.00451)	(0.00243)		
实际 GDP 增长率	-0.00106	-0.00305***	-0.000617	0.00139
	(0.00222)	(0.000804)	(0.00226)	(0.00172)
基尼系数	-0.00355		-0.00716	
	(0.00647)		(0.00607)	
国际粮食价格	0.00107***	0.000650***	0.00112***	0.00113***
	(0.000278)	(0.000122)	(0.000265)	(0.000179)
实际可支配收入	-6.37e-08	6.76e-09	-4.34e-08	-5.41e-08
	(8.64e-08)	(4.81e-08)	(8.36e-08)	(6.49e-08)
青年失业			0.00914***	0.00978***
			(0.00241)	(0.00216)
常量	0.181	0.109***	0.280	0.00901
	(0.227)	(0.0290)	(0.215)	(0.0566)
观测值	122	261	110	171
可决系数	0.529	0.388	0.566	0.466
国家代码号	45	56	41	52

注：括号中存在很大的标准误差；显著性水平：***1%为显著；**5%为显著；* 10%为显著。

表 1C.4 对社会动荡分数中标准化变量的估算值

	(5)	(6)	(7)	(8)
变量	社会动荡分数	社会动荡分数	社会动荡分数	社会动荡分数
失业率	0.819***	0.631***		
	(0.189)	(0.102)		
实际 GDP 增长率	-0.0401	-0.115***	-0.0232	0.0524
	(0.0835)	(0.0303)	(0.0850)	(0.0648)
基尼系数	-0.269		-0.544	
	(0.491)		(0.460)	
国际粮食价格	0.292***	0.177***	0.304***	0.309***
	(0.0757)	(0.0332)	(0.0722)	(0.0487)
实际可支配收入	-0.670	0.0711	-0.456	-0.568
	(0.908)	(0.506)	(0.879)	(0.682)
青年失业			0.775***	0.829***
			(0.205)	(0.183)
常量	0.536***	0.247***	0.488**	0.513***
	(0.160)	(0.0239)	(0.196)	(0.0807)
观测值	122	261	110	171
可决系数	0.529	0.388	0.566	0.466
国家代码号	45	56	41	52

注：括号中存在很大的标准误差；显著性水平：***1%为显著；***5%为显著；* 10%为显著。

参考文献

Arezki, R.; Bruckner, M. 2011. *Food prices and political instability*, IMF Working Paper, WP11/62 (Washington, DC, International Monetary Fund).

Bellemare, M.F. 2011. *Rising food prices, food price volatility, and political unrest*, Munich Personal RePEc Archive, No. 31888.

Easterly, W.; Levine, R. 1997. "Africa's growth tragedy: Policies and ethnic divisions", in *Quarterly Journal of Economics*, Vol. 112, No. 31888.

Ernst, E. 2011a. "The future of finance: Scenarios of financial sector reforms and their labour market implications", in *The global crisis. Causes, responses and challenges*, pp. 223–240 (Geneva: International Labour Office (ILO)).

—. 2011b. *Determinants of unemployment dynamics. Economic factors, labour market institutions and financial development* (Geneva: International Institute for Labour Studies (IILS)).

Escudero, V. 2009. *Effects of the crisis on the financial sector: Trends and policy issues*, Discussion Paper No. 197 (Geneva, International Institute for Labour Studies, ILO).

Guiso, L.; Jappelli, T.; Terlizzese, D. 1992. "Earnings uncertainty and precautionary savings", in *Journal of Monetary Economics*, Vol. 30, No. 2, pp. 307–337.

International Labour Office (ILO). 2011a. *Global employment trends for youth: 2011 update* (Geneva).

—. 2011b. *Global employment trends 2011: The challenge of a jobs recovery* (Geneva).

—. 2011c. *Studies on growth with equity: Brazil. An innovative income-led strategy* (Geneva: International Institute for Labour Studies).

—. 2010a. *World of work report 2010: From one crisis to the next?* (Geneva: International Institute for Labour Studies).

—. 2010b. *Global Wage Report 2010/2011: Wage policies in times of crisis* (Geneva).

—. 2009. *World of work report 2009: The global job crisis and beyond* (Geneva: International Institute for Labour Studies).

International Monetary Fund (IMF). 2011a. *Global financial stability report. Durable financial stability: Getting there from here* (Washington, DC).

—. 2011b. *World Economic Outlook. Slowing growth, rising risks* (Washington, DC.: International Monetary Fund (IMF)).

—. 2011c. *Europe. Strengthening the recovery* (Washington, DC).

—. 2011d. *Regional economic outlook: Middle East and Central Asia* (Washington, DC).

—. 2011e. *Regional economic outlook: Sub-Saharan Africa. Recovery and new risks* (Washington, DC).

—. 2011f. *World Economic Outlook. Tensions from the two-speed recovery: Unemployment, commodities, and capital flows* (Washington, DC).

—. 2010a. *World Economic Outlook. Rebalancing growth, and capital flows* (Washington, DC).

—. 2010b. *World Economic Outlook. Recovery, risk and rebalancing* (Washington, DC)

Jenkins, J.C. 1983. "Resource mobilization theory and the study of social movements", in *Annual Review of Sociology*, Vol.9, pp. 529-553.

—; Wallace, M. 1996. "The generalized action potential of protest movements: The new class, social trends, and political exclusion explanations", in *Sociological Forum*, Vol. 11, No. 2, pp. 183–207.

Justino, P. 2007. *Carrot or stick? Redistributive transfers versus policing in contexts of civil unrest*, in Households in Conflict Network Working Paper, No. 33.

Laeven, L.; Valencia, F. 2010. Resolution of banking crises: The good, the bad, and the ugly, Working Paper No. 146 (Washington, DC, IMF).

—. 2008. Systemic banking crises: A new database, Working Paper No. 224 (Washington, DC, IMF).

Ponticelli, J.; Voth, H.J. 2011. *Austerity and anarchy: Budget cuts and social unrest in Europe, 1919-2009*, CEPR Discussion Paper, No. DP8513 (London, Centre for Economic Policy Research).

United Nations. 2011. *World economic situation and prospects 2011* (New York, UN/DESA).

—. 2010. *World economic situation and prospects 2010* (New York, UN/DESA).
Walton, J.; Ragin, C. 1990. "Global and national sources of political protest: Third world responses to the debt crisis", in *American Sociology Review,* Vol. 55, No. 2, pp. 876–890.
Woo, J. 2003. "Economic, political, and institutional determinants of public deficits", in *Journal of Public Economics,* Vol. 87, No. 3–4, pp. 387–426.

第二章
让利润服务于投资和就业[1]

主要研究结果

- 危机前经济增长的分布不均：2000—2009 年，在可获取信息的 56 个国家和地区（约占全球 GDP 的 90%）中，83% 以上国家和地区的企业利润在 GDP 中的比重出现增长。不过，本章内容显示，在利润比重增长的同时，全球范围内生产性投资占 GDP 的百分比停滞不前。这种利润增长和生产性投资停滞之间脱节的现象主要来自于三个因素。
- 首先，利润的增长主要来自于金融业。2000—2007 年，发达经济体的金融业利润年均增长率达到了 13%，超过非金融业（即实体经济）6% 的增长率。而在新兴和发展中经济体，这一数字分别为 85% 和 20%。2008—2009 年，金融业的利润略有下降，但此后强劲反弹——按绝对值计算及与实体经济的利润相比均是如此。
- 第二，在发达经济体，非金融企业的利润越来越多地用于支付股息和投资于金融资产，而不是用来进行生产性投资。2009 年，企业 36% 以上的利润用于股息分配，超过了 2007 年的不足 35% 和 2000 年的不足 29%。此外，发达经济体非金融企业的总金融资产与 GDP 的比值从 1995 年的 81.2% 增至 2007 年的 132.2%。受金融危机的影响，该比值在 2008 年和 2009 年有所下降，但 2010 年的数据显示，发达经济体非金融企业的金融投资再度呈上升趋势。

---

1 艾洛蒂·戴瑟斯在研究方面提供了出色的协助。

- 新兴和发展中国家非金融企业的状况与发达经济体的状况完全背离。在危机前时期，新兴和发展中国家非金融企业的股息支出约占其利润的 19%，并一直相对保持稳定，2008 年金融危机爆发后，这一数字甚至降至 16.5%。不过，如同发达经济体一样，新兴和发展中国家非金融企业的金融资产投资与 GDP 的比值也出现了上涨，从 2000 年的 54% 增至 2007 年的 87.4%。
- 第三，最近发达经济体生产性投资受到市场需求前景不明以及信贷状况紧缩的影响（特别是对中小型企业造成的影响更大）。在欧盟，整个 2011 年期间，报告对借贷标准收紧的银行净比例一直为正值。在美国，2011 年第三季度报告对中小型企业借贷标准收紧的银行净比例出现了增长。
- 确保进一步加强企业利润和生产性投资之间的联系，对于创造就业至关重要。2000—2009 年，如果私人部门投资的增幅与 GDP 增幅保持一致，2009 年发达经济体私人部门的就业人口就将增加 580 万。同样，新兴和发展中经济体存在大量的生产性投资机会，在就业前景方面的潜力巨大，特别是在农村地区和农业部门，详情请参见第四章。
- 本章的最后一节确定了为改善企业利润和生产性投资之间联系的改革方案。实施这一议程并且需求方采取措施（参见第三章），将有助于显著改善投资和就业前景，从而促进全球持续摆脱危机。

引言

生产性投资对于确保全球持续摆脱危机至关重要。正如第一章所指出的，发达经济体的投资必须加快进行结构性调整，摆脱以前出现的金融泡沫和债务推动增长的行业。而新兴和发展中国家面临的挑战是减少对向发达经济体出口的依赖，更多地依靠国内需求和南南合作的增长渠道，因此也必须在投资结构方面进行调整。此外，农业投资将有助于缓解粮食匮乏的状况，该问题将在第四章进行详细阐述。

总体而言，企业利润是促进生产性投资的关键要素之一，本章第一节分析了世界各地企业利润和投资的总体发展趋势。这一趋势表明，企业利润和投资两者之间的关系脱节情况日益加剧。第二节分析了造成两者之间脱节的原因，以期改善就业状况。第三节探讨了如何让企业利润服务于投资和就业的政策考量。

专栏 2.1　定义和其他评测考虑事项

国民账户可以对某个经济体的经济主体，即政府、非金融企业、金融企业、非营利机构和家庭的生产、收入和支出活动提供一个全面详细的记录。

企业账户：按具体活动划分，企业主要分为两大类，即金融企业（专业从事金融中介活动的单位，如银行和保险公司）和非金融企业（包括全部或部分由国家所有的企业，即“国营企业”）。企业账户不含非法人企业，即个人企业家或自营就业者。此类非法人企业往往太小，而没有整套的完整的账户，因此与家庭账户归为一类（有关详情请参见第三章）。企业账户主要显示：（1）生产性收入（“总附加值”）是如何在两个生产要素（劳动力和资本）之间进行分配；（2）通过“财产收入”或者各种转移支付增加或减少的生产性收入的金额；（3）所获得的资本或投资大小。所有这些信息都是按照现值进行估值。本章节中使用的与企业账户有关的主要组成部分及其定义如下：

- *总营业盈余*（GOS）：生产性收入中的资本要素收入部分。该指标是评估企业在营业利润方面绩效的主要指标，不过该指标不同于企业账户中计算的利润。在本章中，鉴于很多国家并未提供有关资本贬值的信息，因此营业盈余或资本比重是以总值而非净值来测算的。
- *资本比重*：总营业盈余占总附加值、国民总收入或国内生产总值的百分比。在本章中，资本比重是以总营业盈余占国内生产总值的百分比来测算的，以增加分析的样本国家数量——很多国家均未报告有关总附加值的信息。
- *财产收入*：包括在境外直接投资方面的利息、股息和再投资收益、投保带来的财产性收入以及土地和地下资产的租金收入。绝大部分的财产收入通常体现在企业的消耗（在此情况下，财产收入为“支付”费用）以及资源（在此情况下，财产收入为“收取”费用，如企业因持有其他公司的股份而获得股息）上。
- *留存收益*：企业的总节省款项或未分配收入。它是收入账户分配后的结余项目，也称之为“总可支配收入”。在企业中，该结余项目相当于其总节省款项，这是因为根据定义，企业没有最终消费支出。
- *固定资本形成总额*（GFCF）：通常称之为“投资”。该项目出现在资本账户中，是指购买用于生产产品和服务的资产，如机械、汽车、办公楼、工业建筑和软件（库存或库存构成变动不包括在固定资本形成总额中）。因此，固定资本形成总额测算的是将用于未来生产的产品总支出（固定资本）。

资料来源：莱福勒和布雷兹，2006 年。

第一节 收入分配和生产性投资的发展趋势

任何一个经济体的总收入都是由资本（给企业带来的利润）和劳动力（以工资的形式返还给家庭的部分，有关工资比重发展趋势和决定因素的详细信息，请参见第三章）共同分享的。[1] 正如专栏 2.1 所阐述的，在本章中资本比重（往往指利润比重）是以企业的总营业盈余（GOS）占 GDP 的百分比来衡量的。[2]

绝大部分国家的资本比重增幅超过投资增幅……

1995—2000 年，发达经济体和新兴经济体的资本比重相对保持平稳。不过从 2000 年开始，上述两种经济体的资本比重均开始增长：发达经济体增加了整整 1.5 个百分点，从 2000 年的大约 17% 增至 2007 年的 18.5%（图 2.1）。[3] 新兴和发展中经济体的增幅更为明显——同一时期，其资本比重增长了至少 4 个百分点，增至 2007 年的 27%。[4] 相反，投资增长并未与利润增长保持同比：2000—2007 年，全球资本比重增长了 2.5 个百分点，而投资比重仅增长了 0.4 个百分点。不过，按照不同的国家类别来看，这一发展趋势仍存在明显的差异：在新兴和发展中国家，投资占 GDP 的比重从 2000 年的 12.4% 增至 2007 年的 19.3%，而发达经济体的投资比重增长则停滞不前。自金融危机爆发以来，新兴和发展中国家的资本比重持续增长，而发达经济体的资本比重则显著下降——不过其构成仍发生了重大变化（参见第二节）。

按照国家划分的发展来看，2000—2009 年，绝大部分提供有信息的国家和地区（83% 以上）的收入发生了转变（图 2.2）。该发展趋势在新兴和发展中国家尤为明显（其中有 26 个国家），仅有拉脱维亚和塞尔维亚的资本比重适度下降。与按国家类别划分的发展趋势一致，新兴和发展中经济体的资本比重最高，增长显著。例如，2000—2007 年，阿塞拜疆、智利、埃及、伊朗和委内瑞拉的资本比重均超过 45%，平均增幅达到 12%（如果不含埃及在内，平均增幅则达到 15%）。

---

1 生产账户包括另外一个项目：净应付生产和进口税。通常，该项目在生产账户中所占的比例相对较小。例如：2007 年，该项目在被分析的发达经济体类别中仅占 GDP 的 2.7%；在新兴和发展中经济体类别中，这一比例为 7%。

2 在测算时，资本比重不含“非法人企业”，即“个人企业家”或“自营就业者”。尽管非法人企业在经济活动中，特别是在发展中国家中占据很大的比例，但法人企业总营业盈余占整个经济体总营业盈余的比重在新兴和发展中经济体类别中接近 75%，在发达经济体类别中达到 62%。

3 有关资本比重发展趋势的更多信息和证据，请参见埃利斯和史密斯的文章（2007 年）和维罗纳的文章（2011 年）。

4 “发达经济体”是指高收入国家，即人均国民总收入（GNI）达到或超过 12276 美元的国家。“新兴经济体”是指中上等收入国家，即人均国民总收入在 3976 美元—12275 美元之间的国家。“发展中经济体”是指低收入或下中等收入的国家，即人均国民总收入在 3975 美元或以下的国家。这些术语可以替换使用（有关国家类别的具体情况，参见第一章附录 A）。

图 2.1　非金融企业的资本比重和投资的发展情况（占 GDP 的百分比）

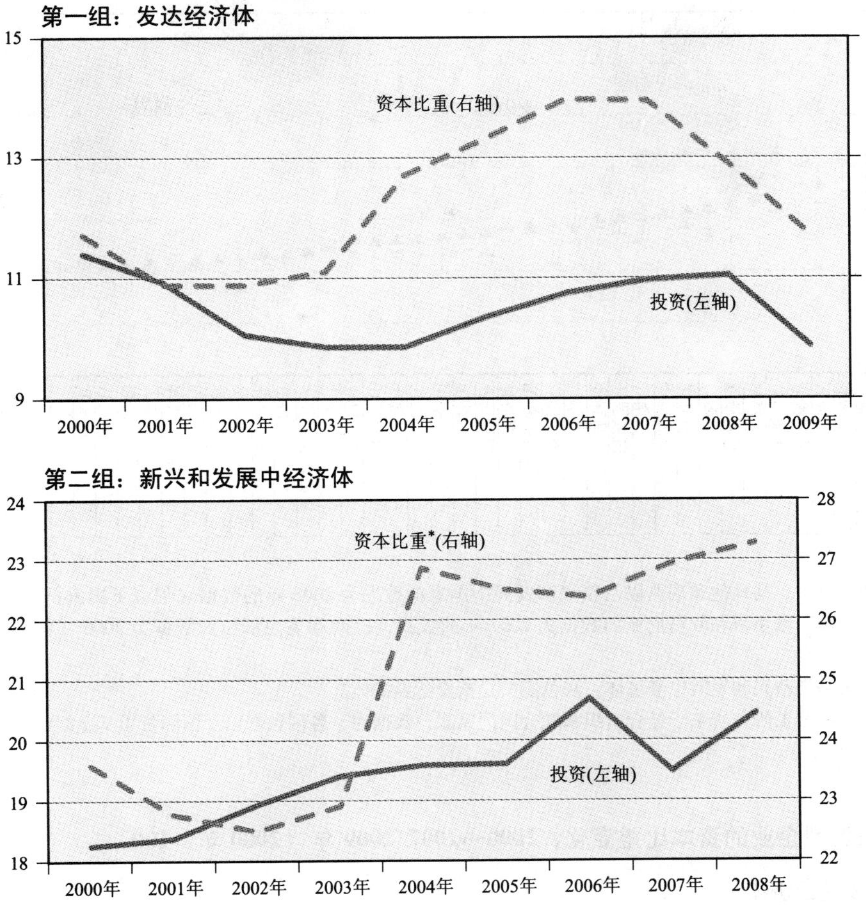

* 鉴于平均值与加权平均值一致，2003—2004 年期间新兴和发展中经济体资本比重的增长通过中国资本比重的显著增长来得以体现——同一时期，中国资本比重增长了 7% 以上。

注：分析样本包括 56 个国家，其中 26 个为新兴和发展中经济体，另外 30 个为发达经济体。有关被分析的国家及其收入类别的详细列表，请参见第一章附录 A。

资料来源：国际劳工研究所基于经合组织和联合国国家账户数据库、各国数据以及国际货币基金组织的数据（2011 年）的计算。

在发达经济体中，卢森堡和挪威的资本比重最高（占 GDP 的 1/3 以上），德国、卢森堡和波兰的平均增幅超过 5 个百分点。在 30 个发达经济体中，仅有 7 个经济体（即加拿大、塞浦路斯、丹麦、意大利、芬兰、爱尔兰和西班牙）的资本比重下跌，特别是塞浦路斯（跌幅接近 8 个百分点）和爱尔兰（下跌 3 个百分点）。

……金融业的利润增长最为明显。

从按照企业类型划分的总资本比重构成来看，资本比重最高的企业（由于其在经济中的相对规模）主要集中于非金融企业。这一点在发达经济体以及新兴和发展中经济体均是如此。例如：在 2007 年，新兴/发展中经济体和发达经济体中非金融企业的资本比重分别为 26% 和 18%，大大超过金融企业不足 5% 的比重。

图 2.2　不同国家的资本比重变化（占 GDP 的百分比），2000—2009 年

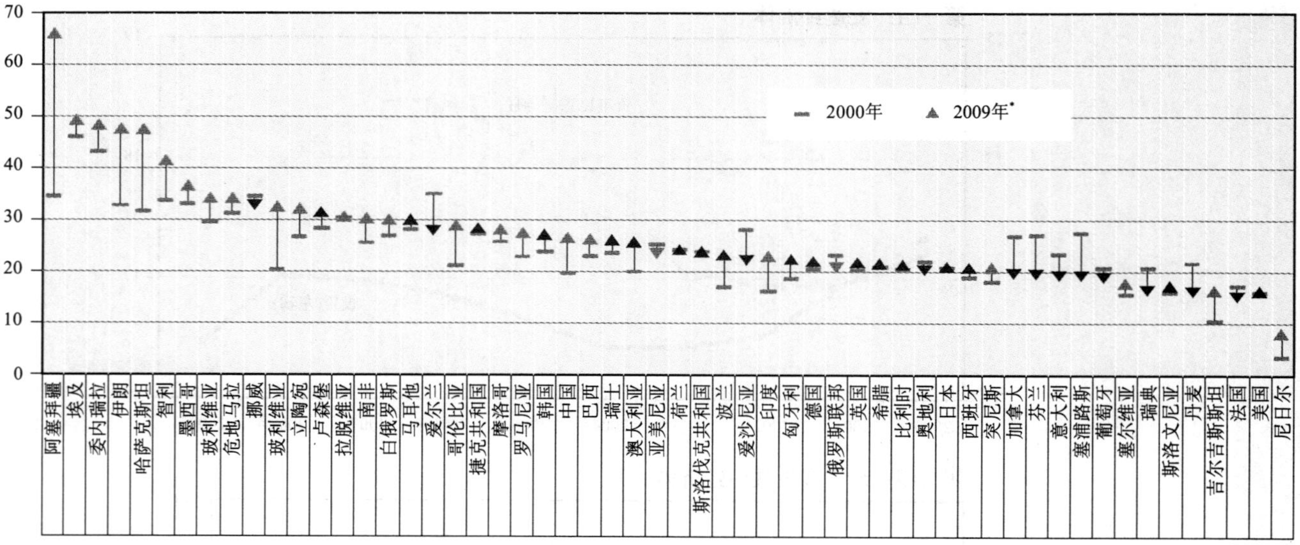

＊塞浦路斯、日本、马耳他和瑞典以及新兴和发展中国家的数据为 2008 年的数据（但以下国家例外：哥伦比亚、危地马拉、摩洛哥和罗马尼亚的数据为 2007 年的数据，巴西和委内瑞拉的数据为 2006 年的数据）。

注：蓝色箭头是指新兴和发展中经济体，灰色箭头是指发达经济体。

资料来源：国际劳工研究所基于经合组织和联合国国家账户数据库、各国数据以及国际货币基金组织的数据（2011 年）的计算。

图 2.3　不同类型企业的资本比重变化，2000—2007/2009 年（2000 年 =100）

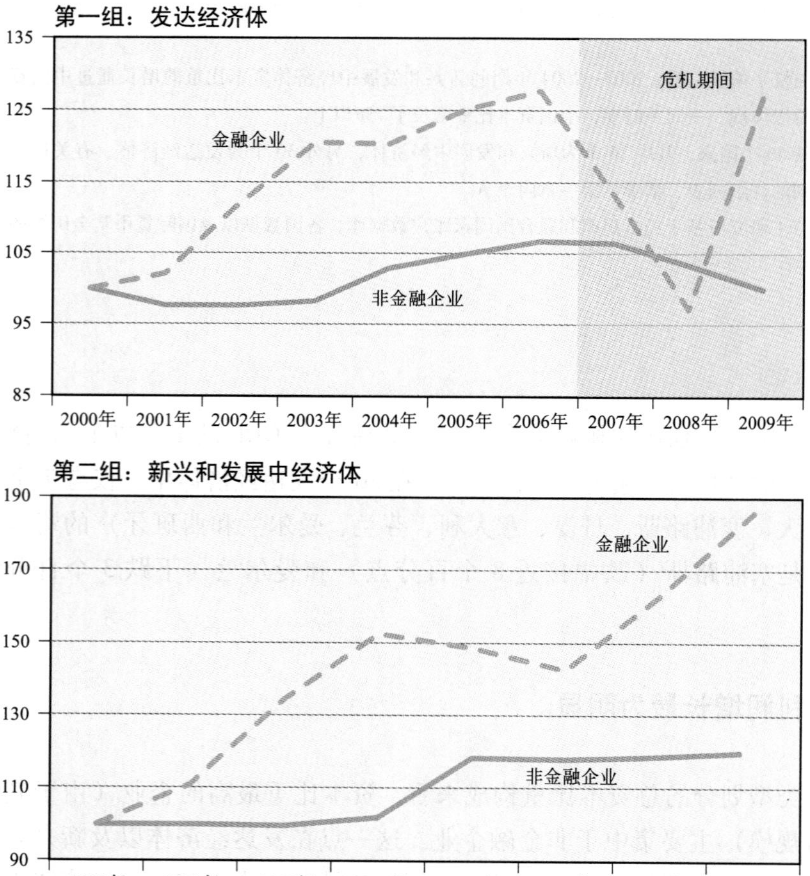

资料来源：国际劳工研究所基于经合组织和联合国国家账户数据库、各国数据以及国际货币基金组织的数据（2011 年）的计算。

不过，在两类经济体中，2000—2007 年期间，金融业的资本比重增幅超过了非金融业（图 2.3 第一组和第二组）。这一点在新兴和发展中经济体尤其如此，同一时期，新兴和发展中经济体金融企业的资本比重增幅超过了 85%，大大高于非金融业 20% 的增幅。发达经济体也是同样的发展趋势，不过金融业和非金融业的资本比重增幅之间的差异相对并不明显。

危机爆发导致发达经济体资本比重的发展趋势和构成发生了急剧转变。2007 年，随着雷曼兄弟的破产，发达经济体各个行业的资本比重开始下滑，其中金融企业的下跌势头尤为明显。事实上，在 2008 年，金融企业的资本比重下跌了 25% 以上，使得过去七年间的增长全部丧失殆尽。然而，金融企业的下跌势头仅持续了很短的时间，2009 年，金融企业的资本比重又再度回升至接近 2007 年的水平。另一方面，非金融行业的下跌幅度相对更为缓慢，但非金融企业（其就业人口占发达经济体总就业人口的 87%）的资本比重持续走低。这体现了一个看似矛盾的说法，即 2007—2008 年期间全球经济危机对金融业的影响在开始时的持续时间很短——尽管金融业是此次经济衰退的根源。此外，正如第一章所阐述的，目前人们再次对金融体系，特别是欧洲的金融体系表示担忧。在欧洲，信贷紧缩在某些情况下阻碍了私人部门的投资（参见第二节）。

类似的发展趋势在少数几个新兴和发展中经济体（智利、墨西哥和南非）同样存在。例如，2007—2009 年，这些国家中的非金融企业（资本比重下跌 1.4%）比金融企业（资本比重相对持平）受到的影响更大。

本章的其余部分将主要探讨更高利润比重的分配方式。第二节分析了企业是否更多地依靠股息和其他支出形式，分析了来自非经营和留存收益以外的其他收入渠道的变动情况，探讨了资源分配的变动在多大程度上转换为增加的投资，特别是不同的投资类型。最后一节根据提供的证据，探讨了多种政策考量因素。

第二节 非金融企业的利润和生产性投资：两者间关系日益脱节的根本原因

首先，发达经济体用于股息分配的利润比重显著增长……

在危机发生前的期间，发达国家资本比重的增加部分源于转向增加股息支出的再分配（图 2.4 第一组）。2007 年，在这些国家中，股息占总营业盈余的比重（股息支付率）平均增长了 6 个百分点，在 2007 年达到了近 35%。在此期间，发达经济体的股息增长了一倍以上。[1] 即便在危机爆发后，发达经济体的非金融企业仍继续支付大量股息。例如，仅在 2009 年，实际的股息金额出现了下跌。

1　发达经济体的企业股息年均增长了 10%，低于部分主要新兴经济体 18% 的年均增长率。

图 2.4　非金融企业的不同类型支出，2000—2008/2009 年（占 GOS 的百分比）

第一组：发达国家

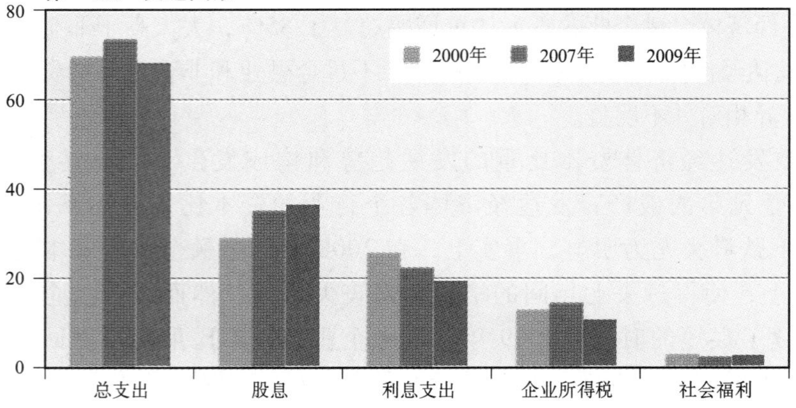

第二组：主要新兴国家类别*

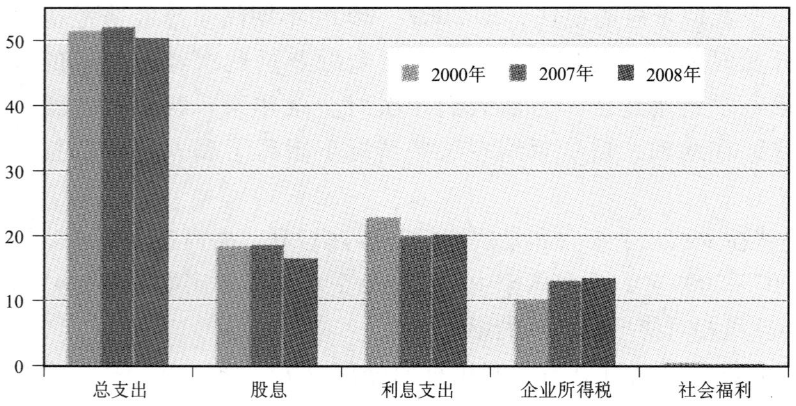

* 主要新兴国家类别包括巴西、智利、中国、墨西哥和南非。

资料来源：国际劳工研究所基于经合组织和联合国国家账户数据库以及各国数据的计算。

不过，由于其下跌幅度不及总营业盈余的下跌幅度，2009 年股息支付率实际增至 36.2%。[1]

……但在可获取数据的新兴经济体，如巴西、中国和南非，该比重仍相对保持不变。

相反，自 2000 年以来，主要新兴经济体的股息支付率一直相对保持平稳，接近总营业盈余的 19%（图 2.4 第二组）——大大低于发达经济体的股息支付率。有关信息显示，自全球金融危机爆发以来，主要新兴经济体的股息支付率也总体保持不变。

1　不过值得注意的是，企业决定按照股价支付股息，这让人们担心金融市场将对企业利润分配的状况造成影响。然而事实上，2007—2009 年期间，发达国家和新兴国家的股息收益率（股息与股价之间的比率）一直保持平稳（2008 年除外，当年可能由于股价急剧下挫，股息收益率出现增长）。这表明，企业可能更加关注于根据股价保持其股息的相对稳定，而不是受其收益的波动而调整股息支出。

在其他支出的构成方面，两种类别的经济体利息支出占总营业盈余的比重均出现下降——因此，利息—股息支出比自2000年以来出现了下跌。此外，在发达经济体中，甚至在危机期间，这一比值也持续下挫——从2007年的71.5%降至2009年的63.7%。[1] 利息支出增长总体下降的状况部分地反映了2000—2007年危机前期间名义利率不断走低的局面。事实上，在危机前期间，接近86%的被分析国家的名义贷款利率出现了下降——整个发达经济体下降了接近1个百分点，而部分新兴国家下跌了3.8个百分点。前述状况在发达经济体中更为明显，2000—2004年期间，发达经济体的利息支出下跌，这反映了其利率不断走低（在这一时期下跌了接近3个百分点）以及很多非金融企业逐步去杠杆化的过程。在危机前的年份里，绝大多数国家非金融企业的杠杆借贷比率（债务与账面权益比[2]）保持平稳或者下降[3]，其主要原因是企业利润不断增长以及产权市场蓬勃发展所致。

其结果是：首先，可用于投资的利润部分（即留存收益）在发达经济体出现下降，而在新兴和发展中国家则出现增长……

在非金融企业中，其他收入在总营业盈余中占据了相当大的比重——在某些国家，该比重自2000年以来大幅增长。尤其是在2007年，在发达经济体中，财产收入和其他转移收入占总营业盈余的比重约为32%，高于2000年的28%（图2.5第一组）。不过，其他收入比重的增长并不足以抵消上述股息支出率大幅增长的局面。因此，2000—2007年期间，留存收益占总营业盈余的比重仍有下降（图2.5第二组）。

相反，在新兴和发展中国家，尽管非金融企业的总支出增加，但留存收益的增幅仍得以超过总营业盈余的增幅，其部分原因在于这些国家的企业股息占利润的比重相对保持平稳。其结果是，在此期间，留存收益的比重得到提高。

……其次，在所有国家类别中非金融企业的留存收益越来越少地用于投资实体经济……

2000—2007年，除发展中国家外，几乎所有地区生产性投资占总获取资源的比重均出现下降（图2.6）。[4] 包括中国在内的主要新兴经济体也出现了下跌。此外，在向投资分配的总资源量方面，所有国家类别均表现出类似的发展趋势。2007年，主要新兴经济体的这一比例约为52%，而发达国家和发展中国家的这一比例分别为46.2%和44.2%。

---

1 仅发达国家提供有2009年的国民账户数据。

2 仅部分发达经济体提供有这一比率的数据，这些国家包括加拿大、法国、德国、意大利、日本、韩国、西班牙、瑞士、英国和美国（洛克斯伯格等人，2010年）。

3 非金融企业中有两类企业在去杠杆化发展趋势中表现最为突出，即商业房地产企业和通过杠杆收购的企业（洛克斯伯格等人，2010年）。

4 在提供有信息的50个国家中，有31个国家的生产性投资占总获得资源的比重出现了下降。

图 2.5　非金融企业获得的非生产性收入*和留存收益占总营业盈余的比重的增长情况，2000—2007/2009 年（百分比）

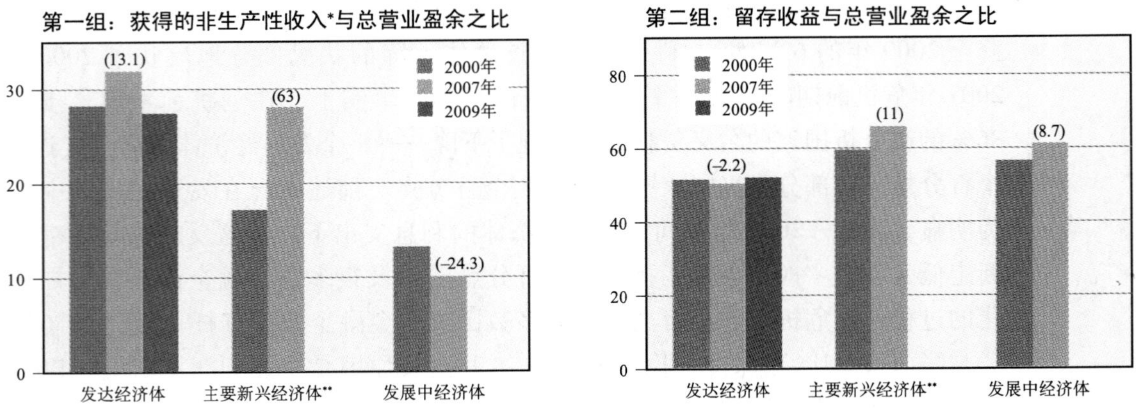

注：括号中的数值表示的是 2000—2007 年期间的百分比变动幅度。

*获得的非生产性收入等于除总营业盈余以外的所有获得的资源，包括财产收入、其他经常转移收入以及获得的社会捐助和社会福利等。

**主要新兴经济体包括巴西、智利、中国、墨西哥和南非。

资料来源：国际劳工研究所基于经合组织和联合国国家账户数据库以及各国数据的计算。

图 2.6　非金融企业投资与获得的总资源之比，2000—2007 年（百分点变化）

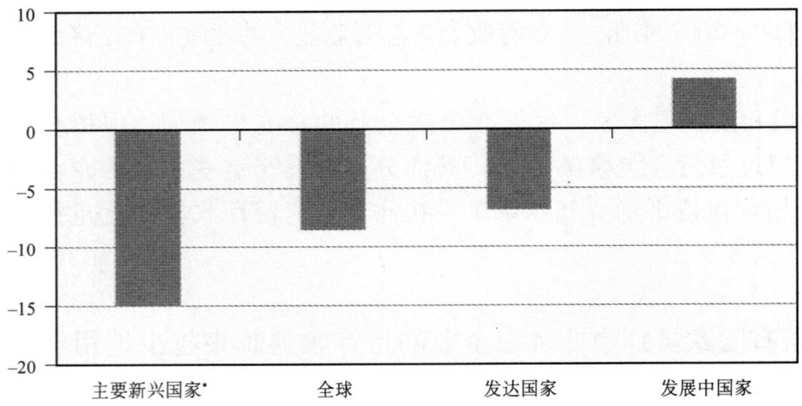

注：获得的总资源包括总营业盈余、财产收入、获得的社会捐助和社会福利以及其他经常转移收入。

*主要新兴国家包括巴西、智利、中国、墨西哥、俄罗斯联邦和南非。

资料来源：国际劳工研究所基于经合组织和联合国国家账户数据库以及各国数据的计算。

此外，近年来发达经济体在研发方面的投入下降，这是一个令人担忧的现象。相反，发展中和新兴经济体在此方面表现良好——事实上，在 2008—2009 年危机爆发前的 10 年间，发展中和新兴经济体的研发支出翻了两番（见专栏 2.2）。

……而是越来越多地投资于金融市场。

非金融企业越来越多地投资于金融资产，而非实物资产。私人企业投资行为的这一转变与普遍的“金融化”现象相关。在“金融化”中，金融市场在非金融行业的经营中发挥日益重要的作用。这在发达经济体的企业中尤为明显。不过近

专栏 2.2　私人部门的研发支出

研发是一个前瞻性的投资指标，这是因为它往往可以提高企业的中长期潜在产值。近年来的发展趋势显示，发达经济体在研发方面的支出一直停滞不前，而发展中和新兴经济体（尤其是中国）的研发支出则增长了四倍。

在发达经济体中，私人部门的研发支出占 GDP 的比重仅从 1995 年的 1.5% 增至 2001 年的 1.7%。此后几年内这一比例便开始下降，而最近开始回升，在 2008 年增至 1.8%。相反，在同一时期，发展中和新兴经济体私人部门的研发支出翻了两番。例如，中国私人部门的研发支出占 GDP 的比重就从 1995 年的 0.27% 增至 2008 年的 0.9%。

2008—2009 年的经济危机对世界各地的企业研发支出造成了深远影响，但各个行业、国家和企业受到的影响各不相同。例如，在经合组织地区，经济危机似乎对信息通信技术行业的研发支出造成的影响最大。

资料来源：欧盟统计局（2009 年）和经合组织（2009 年）。

图 2.7　非金融企业总金融资产占 GDP 的比重（百分比）

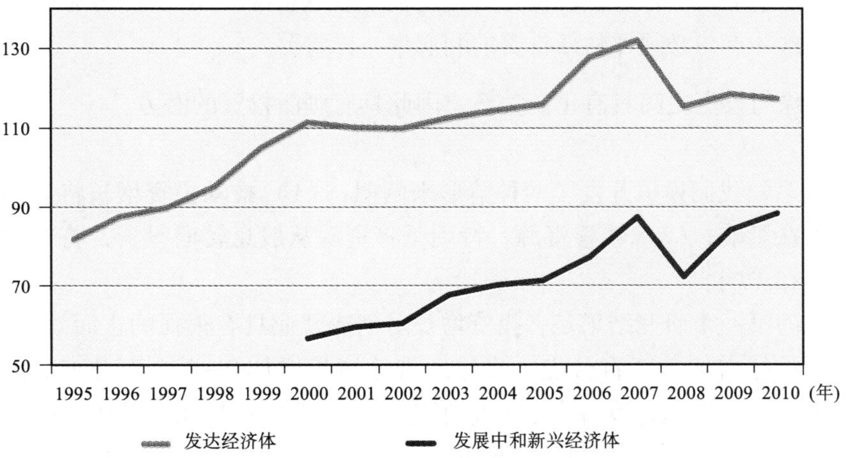

注：包括 28 个发达经济体和 26 个发展中和新兴经济体（加权平均值）。
资料来源：国际劳工研究所基于经济学人信息部的计算。

年来，发展中和新兴经济体的企业也开始表现出类似的发展趋势。例如，发达经济体非金融企业的总金融资产占 GDP 的比例从 1995 年的 81.2% 增至 2007 年的 132.2%，但在 2010 年受金融和经济危机的影响下降至 117.5%（图 2.7）。在发展中和新兴经济体，非金融企业总金融资产占 GDP 的比例从 2000 年的 56.4% 增至 2007 年的 87.4%。2008 年，这一比例微幅下跌至 72%，2010 年回升至 88.3%。

实证研究结果表明，金融行业利润率的不断增长在将非金融行业的投资吸引至金融行业方面发挥了重要作用。例如，在发达经济体中，金融行业的利润率从 1990 年的 14.2% 增至 1999 年的 30.5%，增长了一倍。此后微幅走低，但从 2003 年开始再度恢复回升势头，2006 年达到 36% 的最高点。而在发展中和新兴经济体，在 20 世纪 90 年代的最后五年间，金融行业的利润率大幅下挫，其主要原因是受1997年亚洲金融危机以及拉美国家其他小型金融危机的影响。不过，2002年发展中和新兴国家金融行业的利润率开始增长，并在2007年达到32.1%的最高点。

计量经济学实证研究证实了金融政策和需求在推动发达经济体生产性投资和就业方面的重要作用。

为了更加清楚地研究发达经济体非金融企业的投资驱动因素，我们开展了一项计量经济学分析。该分析基于扩展后的优序融资理论（pecking order theory），[1]强调了股息政策和需求因素的以下作用：[2]

- 股息支出每增长1个百分点，将导致投资支出下降0.12个百分点。该分析结果与优序融资理论这一经济理论的原理一致。结果显示，那些面临相对较高的外部融资成本的企业将首先寻求内部资金来满足投资需求。在此情况下，如果股息增幅超过利润增幅，企业为其未来投资提供资金的能力就将受到影响。
- 产能利用率（实际产值与潜在产值之间的比率）对投资具有很强的正面效应：产能利用率每增加1个百分点，将导致固定资本形成总额（GFCF）增加1.24个百分点。这一点与必须评估新投资的利润率一样重要。
- 加速折旧扣除与投资之间具有正向关系，因此具有刺激投资的潜力。[3]

基于上述关系，我们模拟开发了两种情形来阐明：（1）推动投资增长将对创造就业造成的潜在影响；（2）转移资源，特别是将资源从股息转向投资，将对创造就业带来的潜在影响。

该模型研究的第一个研究结果是，投资增长对创造就业具有很强的正面效应。事实上，投资增长每增加1个百分点，将导致就业增长增加0.12个百分点。因此，促进投资增长（比如通过改善中小型企业的信贷状况）将带来就业机会的显著增长。模拟研究结果显示，2000—2009年期间，如果私人部门投资的增幅与GDP增幅保持同步，2009年发达经济体私人部门的就业人口将增加580万人，其中大约2/3将来自于中小型企业。

第二个研究结果表明，股息支出增长对就业具有显著的负面效应，这是因为股息支出增长将降低企业的投资能力。模拟研究显示，股息支出增长率每增加1个百分点，将导致就业增长率下降0.013个百分点。这表明，如果非金融企业的股息支出率保持恒定（股息增长率与总营业盈余增长率保持一致），2009年发达经济体的私人部门就业人口将增长160万人。

---

1 该理论认为，企业的投资决策与其可获得的内部资金直接相关，因此投资公式由那些对企业现金流具有直接影响的变量所决定。参见法扎里等人的文章（1988年）和沃格特的文章（1994年）。

2 有关投资公式的具体说明，请参见附录A。有关公式依据的理论框架以及结果说明的具体分析，请参见埃斯库德罗和洛佩斯的论文（即将发表）。

3 不过，在估算模型中，该变量的重要性并不够高，其最主要的原因可能在于将折旧备抵账户转化为投资的技术性和组织性延误。

第三节　政策考量

在就业增长不断放缓以及投资方式相对保持不变的背景下，亟须采取大量的措施，通过优先考虑投资而非支出，为创造就业提供支持。从中期来看，必须应对大量的根本性结构问题，特别是与企业治理以及收益分配和投资方式有关的问题。不过从近期来看，持续稳定地创造就业机会将取决于是否能确保中小型企业获得相关的资金。随着全球金融市场，尤其是欧洲金融市场，进入一个新的危机期，中小型企业将继续面临流动性紧缩的问题。

创造就业将取决于能否刺激投资和为中小型企业提供支持……

鉴于投资在鼓励创造就业机会方面的重要性，必须考虑立即采取措施，刺激短期内的投资，同时应对与投资不断下降趋势有关的结构性问题（尤其是在发达经济体中）。首先，自 2011 年年初以来，中小型企业的信贷状况更加恶化。例如，在美国，最近一个季度（2011 年第三季度）报告针对中小型企业信贷标准收紧的银行净比例出现增长。此外，当问及欧盟的企业在2010 年9 月至2011 年2 月期间其面临的最为紧迫的问题时，1/5 的中小型企业回答的是无法获取足够的融资。事实上，在可获取数据的 20 个欧洲经济体中，有 19 个在 2007—2010 年期间的未成功贷款申请率出现了增长（图 2. 8）。[1]

图 2. 8　中小型企业未成功贷款申请率（占贷款申请总数的百分比）

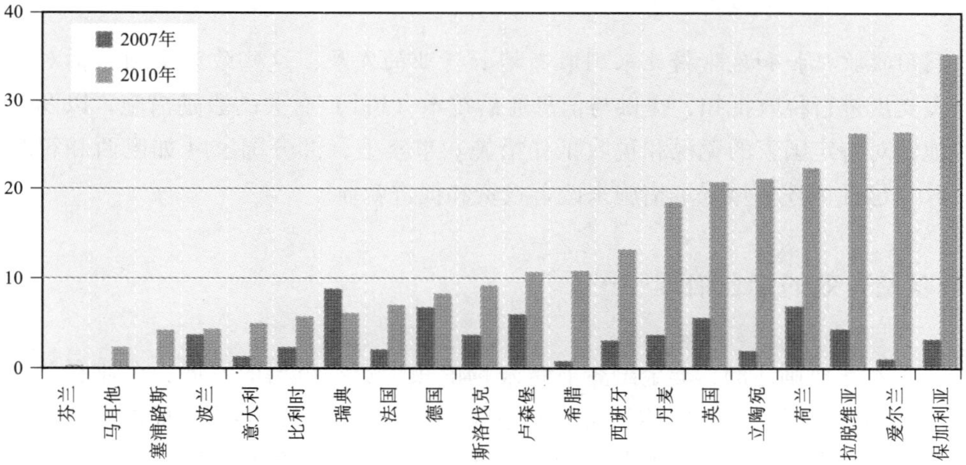

注：仅包括银行，未考虑其他信贷机构。
资料来源：国际劳工研究所基于欧盟统计局数据的计算。

1　数据基于对 25000 家欧盟中小型企业的调查结果，该数据在 2011 年 10 月 3—9 日欧洲 37 个国家举办的“2011 年欧洲中小型企业周”上发布。有关更多信息，请浏览：http：//epp. eurostat. ec. europa. eu/cache/ITY_PUBLIC/4-03102011-AP/EN/4-03102011-AP-EN. PDF。

鉴于当前经济发展的不确定性，导致需求疲软以及信贷环境困难重重，各国必须首先应对以下各种紧迫问题：

- *为中小型企业获得信贷，以及在投资和就业方面提供支持*：为中小型企业提供支持的措施可能包括：（1）指定信用调解人，评估中小型企业的信贷申请遭到银行拒绝的原因（如目前意大利北部地区的做法）；（2）引入信用担保机制，部分贷款由政府提供支持/担保（如巴西和德国的做法）；（3）为银行直接提供专门针对中小型企业的流动性。例如，在欧盟，目前针对中小型企业的专门金融工具的预算仅超过10亿欧元，2013年前将为30万—40万个中小型企业提供更多的资金支持。但是，如果考虑到欧盟有接近2000万个中小型企业，该预算显然只能是杯水车薪。因此，必须在该领域采取更大的措施，尤其要关注希腊等金融体系遭受重创的国家。

- *更快修复金融体系*：目前在发达经济体中，30%以上的银行（占所有银行资产的近20%）不能满足新引入的资本要求。这给整个银行体系带来了系统性风险，加剧了信贷紧缩，从而对中小型企业造成了更大的影响。必须通过政府强有力的介入来克服银行的“短尾”。

其次，正如本章此前所指出的，私人部门投资已成为金融业过度发展的“受害者”，特别是在发达经济体。今后，必须关注于刺激有助于创造未来可持续就业机会的生产性投资，特别是借助以下政策：

- *加快折旧*：加快折旧是立即可用的一项政策工具，通常用于刺激购买厂房和设备等固定资产。加快折旧可使企业更快和以更高的比率将资产成本从应纳税所得中注销。此外，它还可以降低收购新资本的成本，因而鼓励企业更多地投资购买机械设备。[1]

- *利用税收抵扣和免除措施来刺激新增长行业的发展*：这些政策选项包括对研发支出进行税收抵扣，提供与信息通信技术（ICT）有关的激励措施，以及其他针对特定国家的免税和税收抵扣措施。事实上，部分国家（如巴西和智利等）已在上述领域采取措施来改善投资和促进就业。

……以及有效的企业治理……

正如本章所阐述的，非金融企业越来越依赖于资本市场的发展，企业利益往往更多地与金融机构而非实体经济的利益联系在一起。其直接的后果是，专门用于为企业内部增长提供资金的利润比重下降，企业更多地受制于银行（阿格列塔和布勒东，2001年）。此外，非金融企业更像金融企业，由于股东日益要求更高的股息，这些非金融企业提供各种金融服务和金融工具，导致实体投资的下滑（米尔伯格，2007年）。展开企业治理改革，可以在重新调整金融行业和实体经济的动机方面发挥决定性的作用。实现这一目标的方法有很多，特别是以下这些方法：

1　不过，加速折旧的潜在有效性取决于企业所得税对企业投资的妨碍程度（古德，1955年；多玛，1953年）。

表 2.1　企业治理改革：以部分国家为例

德国	德国要求企业依法成立“监事会”和“管理委员会”。在员工总数达到2000人的企业中，必须建立职工参加企业经营决策的组织机构。在此情况下，监事会必须由股东选举和员工推选的数量相等的成员组成。
韩国	1997年亚洲金融危机后，韩国实施了企业治理改革和政府发起的企业重组。这些改革的总体目标是增强各种管理委员会的监测职能，加大管理层和首席执行官的问责制、保护（少数）股东的权利、增加管理透明度和信息披露程度。
英国	2010年1月，英国修订后的《薪酬法》正式生效，主要包括以下条款：（1）至少40%（如果金额尤其大，将为60%）的薪酬必须延期支付，待权期不少于3—5年；（2）所有延期支付的薪酬通过“绩效调整”的形式有可能减少（如果有证据显示员工出现违规行为或重大错误的情况下）；（3）50%的可变薪酬必须以股份的形式支付，该股份在兑现后的一段时期内不得出售或转让（旨在激励员工长期持有企业的股权）；（4）除非员工特别“优秀”，否则企业不得提供保证红利；（5）因为提前终止劳动合同导致的薪酬支付必须反映过去长期的绩效，如果有玩忽职守行为则不得给予奖励。
美国	美国国会在2010年通过的《多德—弗兰克华尔街改革和消费者保护法案》（简称《多德—弗兰克法案》）规定，股东拥有对“薪酬话语权”、“何时支付薪酬话语权”以及“‘金色降落伞’补偿计划话语权”的投票权。由于上述所有三种投票权均不具有法律约束力，因此投反对票的影响将难以进行评定。《多德—弗兰克法案》还取消了经纪人对高管薪酬和奖金事项的自由投票权，为机构股东和企业治理活动人士赋予了更大的权力。

资料来源：国际劳工研究所基于各国提供的资料进行的整理。

- **调整高管薪酬**：研究表明，高度倾斜的高管薪酬对企业收益和生产率具有不良影响（拜伯切克和格林施泰因，2005年）。此外，还对企业的士气具有消极影响。[1] 针对企业高管薪酬和奖金比例过高所带来的这些连带影响，所制定的政策必须确保：（1）通过股权激励计划减少高管的薪酬，确保采取最佳的投资战略（参见表2.1中英国的案例）（金姆等人，2011年）；（2）基于三至五年的绩效水平向高管支付奖金（如果报酬标准是基于短期绩效水平，应制定严格的利益追回规定；[2]（3）可以进一步推广和更加广泛地接受高管薪酬的同行基准制度——在该制度下，企业基于公司收入、市值和资产，对照同类企业建立其高管薪酬基准。[3]

1　比如，彼得·德鲁克证实，高管薪酬与工人薪酬之比在不超过20∶1的前提下不对企业员工的士气造成损害。

2　基于由约瑟夫·斯蒂格利茨牵头编写的《联合国大会主席专家委员会关于国际货币和金融体系的改革》报告。

3　管制措施应确保同类企业并非仅由那些高管薪酬超过平均水平的企业组成。参见程的文章（2011年）。

专栏 2.3　利润分享的好处

根据 1889 年国际利润分享大会上通过的官方定义，“利润分享是一种明确的安排机制，在这种机制下，员工在其工资和薪金之外定期获得企业利润中事先确定的比例，员工获得的利润按照利润水平存在不同”（塞诺格·琼斯，1956 年）。[1]

利润分享计划旨在进一步调动员工的工作积极性，以便让员工更大程度地参与，实现公司的预期成果。大量的实证研究显示，利润分享计划具有积极的影响，可以提高劳动力的生产力，降低监督成本，不过在提高工资灵活性方面的证据利弊并存：

- 利润分享有助于提高企业的生产力（费兹罗和卡夫，1987 年；克鲁斯，1993 年）。其原因在于，利润分享计划据称可以调动员工的积极性，员工的加倍努力可以产生积极的外在反映。
- 此外，利润分享可以通过形成同事间的压力来减少企业的监督成本。研究表明，在建立了利润分享计划的企业中，由于每位员工的行为对整个企业的产值以及其他员工获得的收益都有影响，员工就会自觉地观察其同事的行为（戴恩史法等人，2010 年；坎德尔和拉齐尔，1992 年）。
- 据称，利润分享还可提高工资的灵活性，使企业更加便于根据市场状况的变动情况来调整其经营成本（戴恩史法等人，2010 年）。

- 增强董事会对企业的监管：私营企业的董事会必须加强对企业投资和薪酬惯例的监管。此外，他们必须确保这些投资和薪酬惯例与企业的中长期发展保持一致。例如可通过以下方式：（1）将企业董事会中首席执行官和董事长的职务分开，增强监控能力，增加董事会和管理层的独立性；（2）确保独立董事在董事会中至少占据 1/3 的席位，并且确保这些独立董事具有管理主要委员会（如审计委员会）的相关财务管理经验，能够在没有执行管理层和控股股东在场的情况下召开秘密会议；（3）鼓励企业将社会合作伙伴和员工代表纳入董事会成员中，并提供进一步的措施，使得金融企业和非金融企业的激励制度保持一致（参见表 2.1 中有关德国的范例）。

……并对企业利润进行更加公平的分配。

能确保对企业利润进行更加公平公正分配的其他措施还有助于改善中期的就业市场状况。例如，利润分享计划如果设计合理的话，不仅可确保更加公正地分配收入，还有助于提高企业的生产力和促进企业的发展（专栏 2.3）。

部分国家已经实施了强制性或自愿性的利润分享计划：

- 美国：在美国，自愿性的利润分享计划主要表现为以下几种形式：（1）现金利润分享计划，即以现金或股票形式直接支付给员工的款项；（2）延期利润分享计划，作为一种补充性的保险计划，企业向该计划中贷记的利润在员工

1　请注意，该定义仅指企业的利润，而非股权（涉及股权分享的计划称之为“员工持股计划”），因此，利润分享并非旨在通过员工参股来保持企业所有权的平衡。

退休、发生残疾或者死亡等情况时生效；（3）混合式利润分享计划，员工可以如同延期利润分享计划将其利润分享分配额全部或部分延付，或者现金使用（戴恩史法等人，2010 年）。

- 法国：2009 年，法国 35% 的、员工人数为 10 个或以上的私营企业向其员工提供了某种类型的利润分享计划，大大超过整个欧洲平均 14% 的水平。法国这一数字相对较高的部分原因在于，法国规定了 50 名员工以上的企业必须强制性实行利润分享计划，且可享受税收优惠待遇。企业必须建立延期利润分享基金，员工通过该基金可以获得法律规定的最低金额。[1] 此外，那些未被强制性要求实施利润分享计划但自愿实施了此类计划的企业也可获得同样的免税优惠待遇。有证据显示，法国利润分享计划显著提高了其劳动生产力（卡赫克和多蒙特，1997 年）。

- 拉丁美洲：例如在秘鲁，利润分享计划是强制性的；按照行业的不同，分配金额介于利润的 5%—20% 之间。同样，在厄瓜多尔，利润分享计划也是法律要求必须实行的。厄瓜多尔的《工作宪章》规定，雇主单位必须将其 15% 的利润分配给员工，其中 10% 的利润在所有员工中平均进行分配，另外 5% 的利润必须基于每个员工的受赡养者人数进行分配（厄瓜多尔中央银行，2003 年）。但在其他国家，如巴拉圭、哥伦比亚、玻利维亚、阿尔瓦多、危地马拉和哥斯达黎加，企业对员工的利润分配则是自愿性的。

利润分享措施要想奏效，必须成为整个工资确定过程中的一个组成部分。否则，在经济危机期间，这种顺周期性的措施就存在降低工人收入的风险，从而可能加剧收入不平等现象（特林斯和哈托格，1998 年）。事实上，制定一个有助于刺激需求和消费支出的综合全面的创收战略，对于促进整个经济复苏过程至关重要，该问题将在下一章进行详细的探讨。

---

1 法律规定的最低金额可使用以下公式计算得出：（净财务效益 - 5% 的资本）/2）×（工资/附加值）。

附录 A
红利—投资—就业动态变化：实证分析

该附录阐述了投资和就业模型建立的方式，并为第二节的模拟政策情形提供了定量依据。该分析基于 1995—2009 年期间 25 个发达经济体的数据，[1] 开发了跨行业和跨时间序列的计量经济学模型。表 2A. 2 和表 2A. 3 分别列举了模拟的结果（变量的重要性）。有关这些模拟结果的具体经济学阐述，请参见第二节正文的内容。[2]

投资模型

本章中，投资分析的理论依据是扩展后的优序融资模型理论。该理论认为，投资决策与企业可获得的内部资金直接相关（法扎里等人，1988 年；沃格特，1994 年）。因此，现金流组成变量，如总营业盈余和已付股息将对投资造成影响。在本章中，我们将该方法进行了扩展，增加了标准的投资理论中的部分外部变量，如贷款利率、股市指数、产能利用率和固定资本消耗等（有关所使用变量和数据来源的具体描述，参见表 2A. 1）。最后得出的投资公式如下：

$$ln(gfcf_{it}) = \alpha_0 + \alpha_1 Dln(div_{it}) + \alpha_2 ln(lend_{it}) + \alpha_3 Dln(stock_{it}) + \alpha_4 Dln(cu_{it}) + \alpha_5 Dln(kcons_{it}) + \alpha_6 Dln(interest_{it}) + \alpha_7 Dln(taxes_{it}) + \varepsilon_{it} \quad (1)$$

其中，*gfcf* 指投资（以非金融企业的固定资本形成总额来计算）；*div* 指非金融企业支付的股息；*interest* 指非金融企业支付的利息；*taxes* 指企业支付的所得税。在外部变量中，*lend* 指贷款利率，以评估投资决策的成本，即企业必须为借入资金支付的费用；*stock* 指股市指数，评估一组股票在每个国家主要股票市场中报收的相对价值——该变量在本章中用来代表金融工具的吸引力；*cu* 指产能利用率，即非金融企业的实际附加值与潜在附加值之间的比率；*kcons* 指固定资本消耗，用以测算固定资本的折旧情况。此外，该模型还采用变量自然对数（*ln*）的一阶差分 *D* 来确保变量保持不变，这有助于对系数的解释。

---

1 包括在本分析中的 25 个发达经济体有：澳大利亚、奥地利、比利时、捷克共和国、丹麦、爱沙尼亚、芬兰、法国、德国、希腊、匈牙利、意大利、日本、韩国、荷兰、挪威、波兰、葡萄牙、斯洛伐克共和国、斯洛文尼亚、西班牙、瑞典、瑞士、英国和美国。

2 有关公式的理论依据和结果说明的具体分析，参见埃斯库德罗和洛佩斯的论文（即将发表）。

表 2A. 2 表明，除固定资本消耗外，所有系数都具有很大的意义。

就业模型

为揭示激励投资的政策可能对创造就业造成的影响，我们基于企业按照收入最大化目标制定决策的假设，[3] 开发了标准的劳动力需求模型。该模型认为：

$$G(employment_{it}) = \beta_0 + \beta_1 G(lcost_{it}) + \beta_2 G(gva_{it}) + \beta_3 G(cu_{it}) + \beta_4 G(gfcf_{it}) + \varepsilon_{it} \tag{2}$$

其中，*employment* 指私营部门的就业人口；*lcost* 指单位劳动力成本；*gva* 指非金融企业的总附加值；*cu* 指产能利用率；*gfcf* 指投资，以固定资本形成总额来估算。此外，*G* 指变量的年均增长率。

为分析特定投资组成要素的变动对就业增长的影响，我们借助一个采用一阶自相关验证的半同步对等模型，将公式（1）和公式（2）综合在一起进行了估算，公式如下：[1]

$$G(employment_{it}) = \delta_0 + \delta_1 G(lcost_{it}) + \delta_2 G(output_{it}) + \delta_3 G(cu_{it}) + \delta_4 G(div_{it}) + \delta_5 G(stock_{it}) + \upsilon_{it} \tag{3}$$

表 2A. 3 显示，所有系数都具有很大的意义。

---

1 如参见莱亚德和尼科尔的文章（1986 年）。

2 这一扩展后的就业公式不包括公式（1）投资模型中的部分变量。事实上，贷款利率、固定资本消耗、已付利息和所得税均不包括在公式（3）之内，这是因为这些变量的重要性不足以对该模型具有价值。此外，在本公式中，非金融企业产值取代总附加值作为评估指标，这是因为非金融企业产值这一变量在估算模型中具有更好的配适度。

表 2A.1　回归分析中采用的变量定义及其来源

变量名称	定义	来源
投资	非金融企业的固定资本形成总额	经合组织统计数据库
股息	非金融企业的已分配收入	经合组织统计数据库
利率	贷款利率	经济学人信息部
股市	股市指数	经济学人信息部
产能利用率	非金融企业实际总附加值与潜在总附加值的比率*	国际劳工研究所基于经合组织统计数据库的数据的估算值
资本消耗	非金融企业的固定资本消耗	经合组织统计数据库
已付利息	非金融企业支付的利息	经合组织统计数据库
企业所得税	非金融企业已付的收入和财富当期税额	经合组织统计数据库
就业	私人部门的就业	经合组织统计数据库
单位劳动力成本	依赖于私人部门就业的员工薪酬比	经合组织统计数据库
GVA（总附加值）	非金融企业的总附加值	经合组织统计数据库
产值	非金融企业的产值	经合组织统计数据库

* 我们采用霍德瑞克和普雷斯科特（1997 年）筛选法，基于实际的总附加值计算出潜在的总附加值。

表 2A.2　投资模型：回归分析结果

	固定资本形成总额（*lngfcf*）	
	随机效应	固定效应
已付股息（*Dlndiv*）	-0.11 (-1.91)*	-0.12 (-1.92)*
贷款利率（*Inlend*）	-0.49 (-8.73)**	-0.49 (-8.67)**
股市指数（*Dlnstock*）	-0.21 (-8.18)**	-0.21 (-8.19)**
产量利用率（*Dlncu*）	1.24 (2.54)*	1.24 (2.55)*
固定资本消耗（*Dlnkcons*）	0.12 (0.26)	0.12 (0.27)
已付利息（*Dlninterest*）	0.31 (5.39)**	0.31 (5.39)**
企业所得税（*Dlntaxes*）	-0.18 (-2.41)*	-0.18 (-2.41)*
常量	12.60 (25.55)**	12.54 (119.31)**

注：括号中的 *z* - 统计数字绝对值。重要性程度：* 重要性为 5%； ** 重要性为 1%。

首先，将所有的变量记入模型的一阶差分中（除 *Inlend* 外）。然后，借助扩大的迪基—福勒检验法和非利普斯—佩荣检验法对所有变量进行非平稳性检验。在所有情况下，测试结果均否定了非平稳性的原假设，其所得值分别为 1% 和 5%。

我们选定了随机效应和固定效应两种模型，不过随机效应模型是根据支持豪斯曼检验法中的推算子的结果进行选择的。使用这两种模型后，分析结果具有很大的意义（固定资本消耗除外），估算系数和 *z* - 统计数据没有或很少出现变化，这显示了该模型的强大功能。

我们按照 VIF 回归命令和共线（collin）检验法，对该模型的多重共线性进行了验证。两种检验结果均显示，VIF 值明显低于常规的 10，表明无需对该问题开展进一步的分析研究。两种检验方法还对该模型的异方差性和自相关性进行了验证。

表 2A. 3　就业模型：回归分析结果

	私人部门就业增长率（*Gemployment*）	
	公式（2）	公式（3）
单位劳动力成本增长率（*Glcost*）	-0. 17 （-4. 80）**	-0. 27 （-6. 94）**
总附加值增长率（*Ggva*）	-0. 01 （-0. 18）	
固定资本形成总额增长率（*Ggfcf*）	0. 11 （10. 13）**	
产能利用增长率（*Gcu*）	0. 22 （7. 18）**	0. 10 （2. 94）**
产值增长率（*Goutput*）		0. 27 （8. 88）**
已付股息增长率（*Gdiv*）		-0. 01 （-2. 80）**
股市指数增长率（*Gstock*）		-0. 01 （-2. 41）*
常量	1. 38 （8. 92）**	1. 02 （6. 01）**

注：括号中的 *z* - 统计数字绝对值。重要性程度：* 重要性为 5%；** 重要性为 1%。

此处所包括的变量是指年均增长率。然后，借助扩大的迪基—福勒检验法和菲利普斯—佩荣检验法对所有变量进行非平稳性检验。在所有情况下，测试结果均否定了非平稳性的原假设，其所得值分别为 1% 和 5%。

我们采用 GLS 推算子计算公式（2）和公式（3），对一类的异方差性进行验证（通过修订后的瓦尔德统计数据进行检验）。该表显示，所有的系数都具有很大的意义（公式 2 中的 gva 除外）。

参考文献

Aglietta, M.; Breton, R. 2001. “Financial systems, capital control and capital accumulation”, in *Economy and Society*, Vol. 30, No. 4, pp. 433–466.

Banco Central del Ecuador. 2003. *Mercado Laboral Ecuatoriano y Propuestas de Política Económica*, Apuntes de Economía, No. 36 (Quito). Available at: http://www.bce.fin.ec/documentos/PublicacionesNotas/Catalogo/Apuntes/ae36.pdf [26 Sep. 2011].

Bebchuk, L.A.; Grinstein, Y. 2005. “The growth of executive pay”, in *Oxford Review of Economic Policy*, Vol. 21, No. 2, pp. 283–303.

Cahuc, P.; Dormont, B. 1997. “Profit-sharing: Does it increase productivity and employment? A theoretical model and empirical evidence on French micro data”, in *Labour Economics*, Vol. 4, No. 3, pp. 293–319.

Cheng, D. 2011. *Executive pay through a peer benchmarking lens* (Rockville, MD, ISS Corporate Services).

Cynog-Jones, T.W. 1956. *Workers investments in industry*, European Productivity Agency (Paris, Organisation for European Economic Co-operation).

Daneshfar, A.; Simyar, F.; Rolleri, M.; Wnek, R. 2010. “Motives for employee profit sharing schemes in the U.S., U.K. and Canada”, in *International Business and Economics Research Journal*, Vol. 9, No. 10, pp. 1–10.

Domar, E.D. 1953. “The case for accelerated depreciation”, in *The Quarterly Journal of Economics*, Vol. 67, No. 4, pp. 493–519.

Ellis, L.; Smith, K. 2007. *The global upward trend in the profit share*, Working Papers No. 231, July (Basel, Bank for International Settlements).

Escudero, V.; López, E. Forthcoming. *Corporate internal financing and investment behaviour: an employment approach*, Discussion Paper No. 211 (Geneva, International Institute for Labour Studies, ILO).

Eurostat. 2009. *Science, technology and innovation in Europe,* Eurostat pocketbooks (Luxembourg). Available at: http://epp.eurostat.ec.europa.eu/cache/ITY_OFFPUB/KS-30-09-148/EN/KS-30-09-148-EN.PDF.

Fazzari, S.; Hubbard, R.; Peterson, B. 1988. "Financing constraints and corporate investment", in *Brookings Papers on Economic Activity,* Vol. 1, pp. 141–195.

FitzRo, F.R; Kraft, K. 1987. "Cooperation, productivity, and profit sharing", in *Quarterly Journal of Economics,* Vol. 102, No. 1, pp. 23–35.

Goode, R. 1955. "Accelerated depreciation allowances as a stimulus to investment", in *The Quarterly Journal of Economics,* Vol. 69, No. 2, pp. 191–220.

Hodrick, R.; Prescott, E.P. 1997. "Post-war business cycles: An empirical investigation", in *Journal of Money, Credit, and Banking,* Vol. 29, pp. 1–16.

International Institute for Labour Studies. 2011. *Spain: Quality jobs for a new economy* (Geneva, International Labour Organization).

International Monetary Fund (IMF). 2011. *World economic outlook: Slowing growth, rising risks,* September (Washington, DC).

Kandel, E.; Lazear, E.P. 1992. "Peer pressure and partnerships", in *Journal of Political Economy,* Vol. 100, No. 4, pp. 801–817.

Kim, J.B.; Li, Y.; Zhang; L. 2011. "CFOs versus CEOs: Equity incentives and crashes", in *Journal of Financial Economics,* Vol. 101, No. 3, pp. 713–730.

Kruse, D.L. 1993. *Does profit-sharing affect productivity?,* NBER Working Paper No. 4542 (Cambridge, MA, National Bureau of Economic Research).

Layard, R.; Nickell, S. 1986. "Unemployment in Britain", in *Economica,* Vol. 53, No. 210, pp. S121–S169.

Lequiller, F.; Blades, D. 2006. *Understanding national accounts* (Paris, Organisation for Economic Co-Operation and Development).

Milberg, W. 2007. *Shifting sources and uses of profits: Sustaining U.S. financialization with global value chains,* SCEPA Working Paper 2007-9, Schwartz Center for Economic Policy Analysis, New School for Social Research.

Organization for Economic Co-operation and Development (OECD). 2009. *Science, technology and industry scoreboard* (Paris).

Poterba, J.M. 1998. "The rate of return to corporate capital and factor shares: New estimates using revised national income accounts and capital stock data", in *Carnegie-Rochester Conference Series on Public Policy,* No. 48, pp. 211–246.

Roxburgh, C., Lund, S., Wimmer, T., Amar, E., Atkins, C., Kwek, J.H., Dobbs, R. and Manyika, J. 2010. *Debt and deleveraging: The global credit bubble and its economic consequences* (McKinsey Global Institute). Available at: http://www.mckinsey.com/mgi/reports/freepass_pdfs/debt_and_deleveraging/debt_and_deleveraging_full_report.pdf [26 Sep. 2011].

Teulings, C.N.; Hartog, J. 1998. *Corporatism or competition?: Labour contracts, institutions and wage structures in international comparison* (Cambridge, Cambridge University Press).

Vaona, A. 2011. "An empirical investigation into the gravitation and convergence of industry return rates in OECD countries", in *International Review of Applied Economics,* Vol. 25, No. 4, pp. 465–502.

Vogt, S. 1994. "The cash flow/investment relationship: Evidence from U.S. manufacturing firms", in *Financial Management,* Vol. 23, pp. 3–20.

第三章
劳动力收入比重：当前金融危机的决定性因素和潜在因子[1]

主要研究成果

- 数十年来，收入分配中的劳动力收入比重已让位于资本比重。在提供有数据的 69 个国家中，近 3/4 的国家的工资比重——家庭收入中的劳动收入比重——出现下降。工资比重在新兴和发展中经济体的下降状况比发达经济体更为明显。而与熟练工人相比，非熟练工人的工资比重的下降幅度要显著得多。与“工资节制”将有助于创造就业机会的预测相反，有迹象表明，工资比重的下降与失业率的降低之间没有关联。
- 工资比重的下降体现了各种全球要素以及机制改革和劳动力市场的改革状况。经济一体化程度（尤其是金融全球化）的加强，成为发达经济体工资比重不断下降的一项主要驱动力。工会密度以及集体协商覆盖范围的下降，加之小型企业的竞争压力不断加剧，削弱了工人在收入分配中的协商能力。有证据显示，在拉丁美洲的部分国家，工人集体协商权利的改善以及针对非正式就业所采取的举措，在保持工资比重不出现下降方面发挥了有效作用。
- 本章认为，遏制工资比重下降的趋势有助于使全世界摆脱全球经济危机的影响，走上更加可持续的复苏道路。全面创收战略可以在不加大财政赤字的前提下，对社会总需求和就业状况带来扩张效应。此类政策途径必须考虑各国的具体状况。不过，在财政盈余国家，如中国、德国、日本和俄罗斯联邦等，更强有力地推行此类政策比财政赤字国家有更大的灵活性。在度过危机之后，还必须建立更为有效的工资确定机制，以推动更为平衡和更加公平的增长。

---

1 感谢帕奥罗·巴利翁、弗德里克·库尔奇和乔治·普雷斯顿在研究方面提供的出色协助。

引言

在世界很多国家和地区，30 多年来工资比重已持续下降——近年来这种下降的速度开始加快。事实上，如第二章所阐述的，在最近的经济快速发展时期，资本在收入分配中占据了更大的比重。有鉴于此，第三章的目的在于阐明劳动力收入的长期发展趋势。

本章第一节分析了全球近 70 个国家从 20 世纪 70 年代初到 21 世纪前 10 年的工资比重发展趋势，并探讨了工资比重不断下降对经济发展和创造就业的影响。第二节确定出了导致工资比重变化的主要因素，并特别强调了各种全球性要素，如金融全球化和劳动力市场机制转变所发挥的作用。最后一节给出了一些政策结论。

第一节　工资比重：发展趋势及其影响

绝大部分国家的工资比重均出现下降……

自 20 世纪 90 年代初以来，在提供有信息的 69 个国家中，有接近 3/4 的国家工资比重（有关工资比重的定义，参见附录 A）出现了下降。其中，新兴和发展中经济体的工资比重下降程度比发达经济体普遍更为明显（参见图 3.1）。

- 自 1994 年以来，亚洲地区的工资比重下降了大约 20 个百分点（图 3.1 第一组）。在过去 10 年间，这一下降的速度有所加快，2002—2006 年期间亚洲地区的工资比重下降幅度超过了 11 个百分点。中国的工资比重自 2000 年以来下降了接近 10 个百分点。
- 自 1990 年以来，非洲地区的工资比重下降了 15 个百分点，其中大部分的下降幅度（10%）发生在 2000 年以后（图 3.1 第二组）。这种下降局面在北非地区更为明显。自 2000 年以来，北非地区的工资比重下跌幅度超过了 30 个百分点。
- 拉丁美洲是世界所有地区中工资比重下降幅度最小的地区（图 3.1 第二组）。自 1993 年以来，该地区的工资比重仅下降了 10 个百分点，并且自 2000 年以来的下降幅度不到 4 个百分点，则与世界其他地区近年来工资比重下降速度加快的发展趋势存在不同。近几年来，拉丁美洲的工资比重甚至出现了适度上涨。
- 自 1975 年以来，发达经济体的工资比重一直呈下降态势（图 3.1 第三组）。不过，与新兴和发展中经济体相比，发达经济体工资比重的降幅要小得多，自 1980 年以来平均下跌了约 9 个百分点。[1]

1　自雇发生率的变动情况校正对发达经济体的工资比重发展趋势具有显著的影响（参见附录 A 和附录 B）。

图 3.1　工资比重的发展趋势（2000 年的指数 = 100）

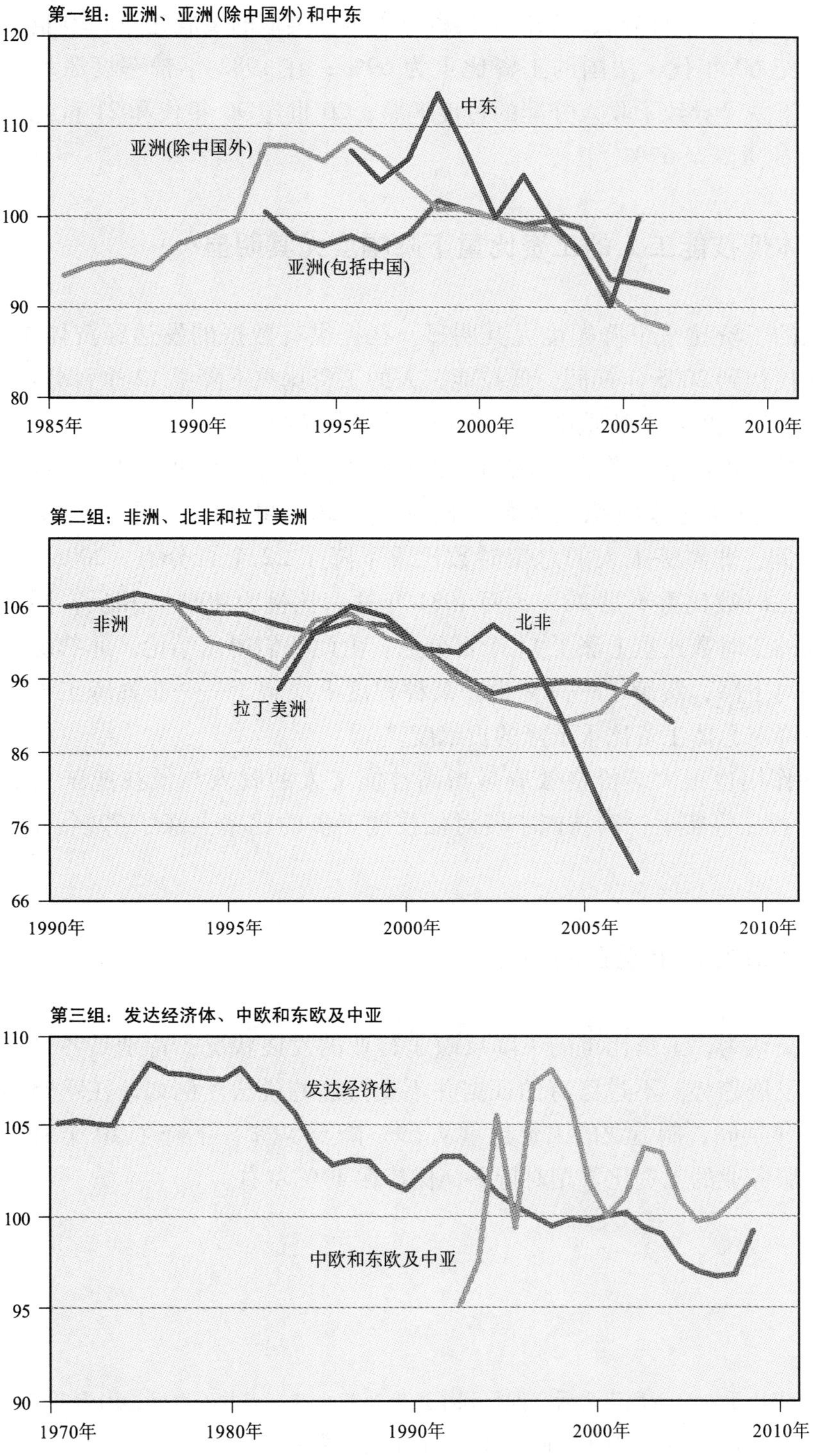

注：工资比重按照提供的自雇发生率信息的变动情况进行了调整（详细情况参见附录 A 和附录 B）。图中显示的地区平均值为 GDP 加权平均值，并转化为指数，以有助于比较其发展趋势。

资料来源：国际劳工研究所的估算（参见附录 B 和附录 C）。

● 近年来，中欧和东欧地区的工资比重出现了大幅波动（图 3.1 第三组）。

所提供的实证证据与《2008 年世界劳工报告》和《2010/2011 年全球工资报

告》的结论保持一致。[1] 此外，对法国和美国（两国提供有更长时间序列的数据）的分析结果证实了工资比重下调的这一发展趋势。目前，美国的工资比重比20世纪70年代前的水平低4个百分点，法国的工资比重也呈类似的发展趋势。20世纪50年代和20世纪60年代，法国的工资比重为69%；在1982年曾一度激增至75%，此后开始下跌，导致了收入分配的过度调整；20世纪90年代和21世纪前10年，平均工资比重降至67%。[2]

……发达经济体低技能工人的工资比重下降幅度尤其明显……

低技能工人的工资比重下降幅度尤其明显。在提供有数据的发达经济体中，从20世纪80年代初到2005年期间，低技能工人的工资比重下降了12个百分点，而同一时期高技能工人的工资比重则上涨了7个百分点（图3.2）。[3]

低技能工人的工资比重下降是数量效应和价格效应共同导致的结果。在数量效应方面，发达经济体的非熟练工人数量出现了下降。事实上，图3.2显示，1981—2005年期间，非熟练工人的总工时数比重下降了22个百分点。2005年，非熟练工人的总工时数比重不足20%，而1981年这一比例为40%。相反，同一时期高技能工人的工时数比重上涨了11个百分点。由此我们得出结论，非熟练劳动力发生率的相对下降，缓解了——至少在某种程度上缓解了——非熟练工人工资比重的不断下降对总体工资比重下降的贡献度。[4]

价格效应的作用也很大。价格效应是指高技能工人的收入与低技能工人的收入相比显著增长。事实上，高技能工资对低技能工资的比率上涨了72个百分点。

……同样，这种情况也出现在制造业。

部分研究人员认为，工资比重的下降反映了行业的发展状况，特别是各经济体转向服务业的发展趋势。不过已有的证据并不支持这些说法。例如，在欧盟国家，1970—2007年期间，制造业的工资比重从69%降至59%，下降了10个百分点。而同一时期服务业的工资比重相对持平，保持在49%左右。

---

1 在部分国家，工资比重在全球危机之后立即得到了适度复苏。这一点并不奇怪，因为工资比重通常具有反周期性，即在经济衰退期间增长，在经济复苏期间下降。这反映了名义工资和物价的相对调整速度，通常物价比名义工资的调整更为灵活。所观察到的工资比重上升趋势也是由劳动力储备所导致的，部分企业（在政府的支持下）在预期经济复苏前更倾向于保持雇佣水平（参见国际劳工组织，2010年）。

2 有关美国的数据，参见美国经济分析局（2011年）；有关法国的数据，参见皮克特的文章（2001年）。

3 不同技能水平的工资比重发展趋势存在分化现象，这一点与吉莫特和泰特尔（2007年）的研究结论一致。

4 同时参见索洛（1958年）和杨（2010年）开发的有关分析部门变动对工资比重影响的方法。

图 3.2　部分发达经济体按工人技能划分的工资比重、工时和工资差异（1981—2005 年期间的变动幅度，百分点）

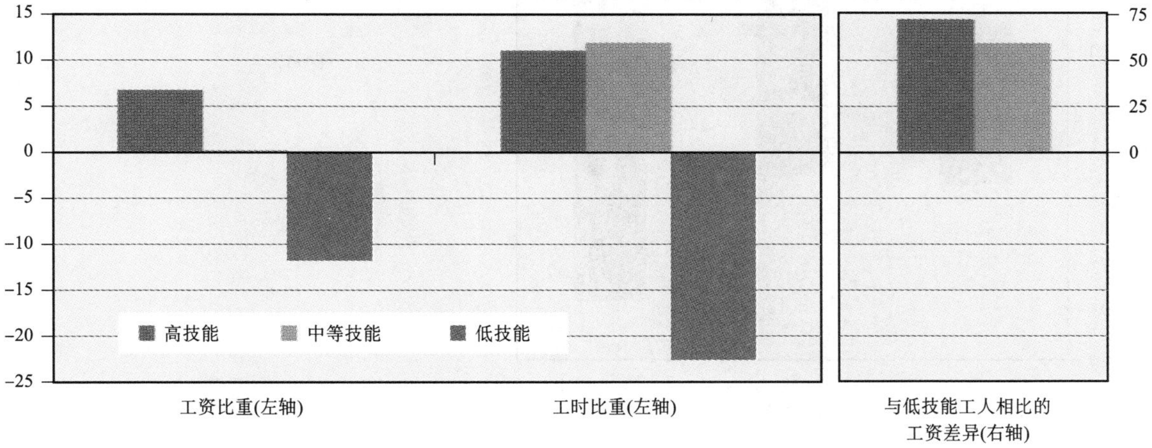

注：高技能（或中等技能）工人的工资差异比率是指高技能（或中等技能）工资与低技能工资之间的比率。该数据是 10 个国家（奥地利、比利时、丹麦、芬兰、法国、意大利、荷兰、西班牙、瑞典和英国）的加权平均值。

资料来源：国际劳工研究所基于欧盟 KLEMS 的估算。

关于不同行业的工资比重对总体工资比重的贡献度研究是一个长期存在的问题，最早可以追溯至卡莱茨基（1938 年）和索洛（1958 年）的研究。实证测试结果表明，在多数情况下，当某个行业的工资比重发生变化时，该行业在整个经济体中的相对规模将减缓其对总工资比重的影响。比如在美国，制造业的附加值在总体附加值中的比例下降，缓解了制造业工资比重下降对总工资比重的影响（参见杨的文章，2010 年）。其他国家和地区也发现了类似的结果（国际劳工组织，2010 年）。

遏制工资比重的下降趋势将有助于就业复苏，特别是对那些国际收支盈余国家。

部分观察家认为，工资比重的不断下降是必要的——企业利润的增加将带动投资，并最终提高就业率。[1]

不过，通过分析过去 30 年间的失业情况，并没有发现工资比重对就业有明显的影响。

此外，人们对是否遏制工资比重下降的局面存在争议。一般来说，有两种总需求类型：（1）工资带动型总需求，即当工资比重上涨而增加工人消费，从而导致总需求的增长；（2）利润带动性总需求，即当工资比重下降而增加利润和投资，从而导致总需求的提高。

1　一位前政治领导人曾说："今天的利润就是明天的投资，而明天的投资将带来后天的就业。"（马林沃德引用，1980 年）。

图 3.3　金融化与工资比重的变化，1985—2005 年（年均增长率，百分比）

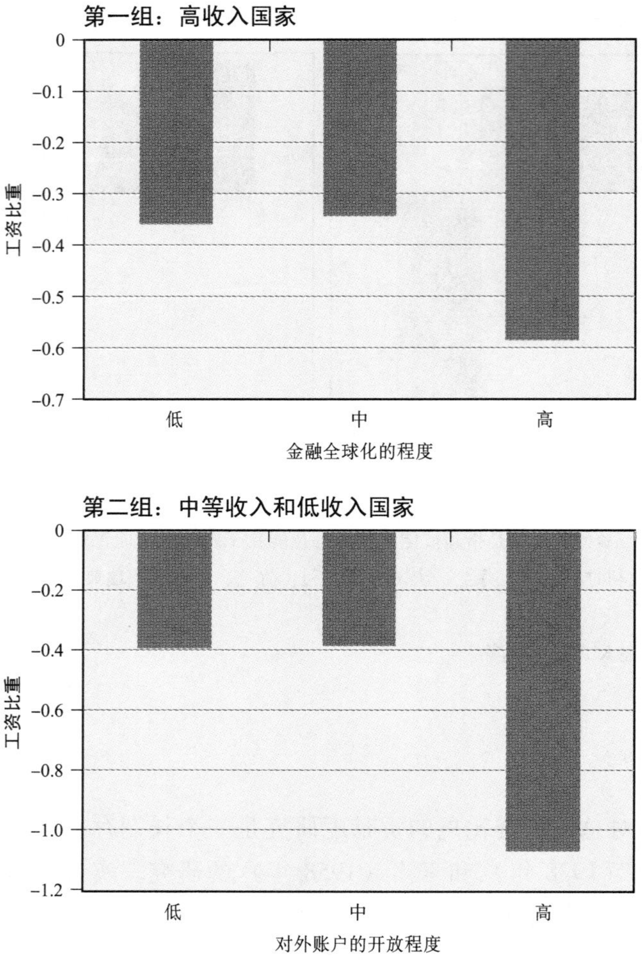

注：图中表示的是三类国家的工资比重年均增长率及其金融化的程度。在高收入国家中，金融全球化的评估指标是境外资产和债务额占 GDP 的比重，来自于兰恩和米莱斯—费瑞提（2007 年）。在中等收入和低收入国家中，金融化的评估指标是资本账户的开放程度（参见齐恩和伊东的文章，2008 年）。

资料来源：国际劳工研究所基于各国数据、经合组织、国际劳工组织、国际货币基金组织和联合国的数据。

不过，正如第二章所阐述的，利润比重增长（工资比重下降）并未导致投资的显著增长。事实上，来自相关文献的主要结论是，绝大多数的国家为工资带动型总需求，包括欧元区在内的经济区域。[1] 换句话说，工资限制并不会提高经济增长率。更为重要的是，由于工资是支撑私人消费的主要收入来源，因而企业可以使其初期的投资有利可图。在此背景下，提高工资同样可以刺激国内需求，并保持各种增长来源之间的平衡，特别是在贸易盈余国家。

1　参见弗兰克等人的文章（2006 年），那斯特帕德和施托姆的文章（2007 年），海茵和沃尔格的文章（2008 年），施托克哈默等人的文章（2009 年）。

第二节 导致工资比重不断下降的决定因素

文献指出，导致工资比重不断下降有很多因素，包括全球发展因素（如金融市场的一体化）以及国内因素（如最低工资政策和劳动力市场机制的变化）。目前很多现有的研究主要是针对发达经济体。本节的目的是介绍对导致发达经济体以及新兴和发展中国家工资比重不断下降的决定性因素最新实证分析的主要结论。分析详细情况参见附录 C。

金融化削弱了劳动力的协商能力……

全球化增加了在实体资本或金融资本进行投资的可能性，也扩大了这些投资在国内外的地域覆盖范围，其结果是削弱了工人的协商能力。在高收入国家，企业治理对企业将红利更多地分配给股东施加了压力——如第二章所阐述的。事实上，在绝大多数的高收入国家中，金融全球化与工资比重之间普遍呈负相关关系（图 3.3 第一组）。此外，在对竞争性因素进行对照的面板回归分析中，工资比重与金融全球化之间也呈负相关关系，并且不同状况下的工资比重均保持稳定一致（附录 C 的表 3C.2）。

同样，在中等收入和低收入国家中，资本账户放宽管制的程度更高，与其工资比重下降幅度更大有关（图 3.3 第二组）。[1] 特别是，回归分析认为，东欧和拉丁美洲资本账户的开放程度和货币贬值与其工资比重下降存在显著的关联性（附录 C 的表 3C.4）。其中一个解释认为，在新兴和发展中经济体，资本流动的大幅波动导致了经济繁荣—萧条循环周期，并反过来对工资比重造成了影响。迪旺（2001 年）的研究表明，货币危机与工资比重的急剧下降存在关联，并指出金融动荡的成本更多地由劳动力所承担。

……其他外部因素也是如此。

贸易开放同样提高了资本与劳动力相比的流动性。[2] 部分研究人员认为，由于高工资地区与低工资地区之间的竞争加剧，资本流动性的增加可能对发达经济体的工资下跌带来压力。[3] 按照对贸易作用的实证评估结果，在提供有数据的 16 个高

---

1 这些结果与现有的研究结论保持一致，不过金融渠道并非总是像吉莫特和泰特尔（2007 年）或者邦托利拉和圣保罗（2003 年）一样得到明确的分析。相反，哈里森（2002 年）和贾雅德夫（2007 年）分析了金融渠道的存在情况，发现资本账户自由化对经合组织国家和非经合组织国家的工资比重均存在负面影响。施托克哈默（2009 年）发现高收入国家的收入分配和金融全球化之间存在负相关关系。

2 众多学者针对发达经济体（参见吉莫特和泰特尔的文章，2007 年）以及中等收入和低收入国家（参见哈里森的文章，2002 年）的工资比重与行业一体化之间的负相关关系开展了多次研究。

3 埃本斯坦等人（2009 年）的研究表明，与现有的研究结论一致，由于行业竞争带来的工资比重纵向变化为正。在美国，离开制造业的工人工资平均减少了 2%—4%，改换职业的工人工资平均减少了 4%—11%。

收入国家中，贸易开放程度的增强对其工资比重影响小，但在统计学上具有显著性（参见附录C的表3C.2）。此外，在不同状况下均表现为负相关关系，并且这种负相关关系在低技能工人中表现得更为明显。

对于中等收入和低收入国家来说，相关证据则更加复杂。在中等收入国家，特别是东欧国家中，贸易开放度对劳动力收入比重明显具有负面影响（附录C的表3C.4）。[1] 其原因可能是这一类国家与新兴国家在制造业方面的竞争日趋激烈。在亚洲国家，贸易开放度与劳动力收入比重之间也存在负相关关系，但仅仅是将中国纳入样本国家中情况才是如此。[2] 相反，在我们数据库里的12个拉丁美洲国家中，上述关系则为正相关，但如果考虑到劳动力市场的管制，这种正相关关系并不强。[3]

有证据显示，集体协商可以在不影响就业状况的前提下推动收入的平衡发展……

由于劳动力市场管制会影响工人的协商能力，因此成为影响劳动力收入比重的一个重要决定因素。不过，劳动力市场管制的措施很多，每种措施来源于不同的传导渠道。[4] 有鉴于此，我们分析了劳动力市场管制的四项措施，即工会密度、劳务税、补发工资和就业保障法规。[5] 分析结果表明，总体来看，工会密度和劳务税与劳动力收入比重之间为正相关关系（附录C的表3C.1）。两种系数在各种估算情况下均具有显著性，且保持稳定。[6] 相反，补发工资与劳动力收入比重之间为负相关关系，而就业保障法规对收入分配没有任何影响。

劳动力市场管制通过两种渠道影响工资比重：(1) 价格效应（工资）；(2) 数量效应（就业）。两种效应对劳动力收入比重的总体影响，按照这两种效应的发展走向和特征的不同而存在差异。就价格效应而言，劳动力市场管制与劳动力收入比重之间均有正相关关系，如通过维持低技能工人的收入来实现这一点。[7] 不过，劳动力市场管制的数量效应并不明显。在绝大多数的新凯恩斯宏观经济模型中，劳动力市场管制往往会使工资超过均衡值，从而产生稳态失业状况。[8] 不过，某些劳动力市场机制可能对宏观经济产生积极的反馈效应。例如，夏耶和雷高特

---

1 该分析涉及的国家包括白俄罗斯、保加利亚、捷克共和国、爱沙尼亚、匈牙利、拉脱维亚、立陶宛、波兰、罗马尼亚、俄罗斯联邦和乌克兰。

2 由于数据限制，亚洲地区的分析仅包括五个国家和地区，即中国香港、印度、菲律宾、斯里兰卡和泰国。

3 该分析涉及的国家包括阿根廷、巴西、玻利维亚、智利、哥伦比亚、哥斯达黎加、多米尼加共和国、墨西哥、尼加拉瓜、巴拉圭、秘鲁和委内瑞拉。

4 参见切奇和加西亚·帕纳罗萨的文章（2010年）。

5 自巴萨尼尼和杜瓦尔（2006年）后，替代劳动力市场机制的共有六种变量，即：就业保障法规、劳务税、最低工资的存在性及其规模、失业救济金、工会密度覆盖度和集中度，以及工资协商协调。

6 工会密度和劳务税的系数分别为0.029和0.123。

7 切奇和加西亚—帕纳罗萨（2008年）将劳动力市场管制认为是一系列使不公平现象最小化的机制。

8 参见拉文那和瓦尔什的文章（2008年）。

图 3.4　部分中等收入和低收入国家最低工资和工资比重的变动幅度，1993—2005 年（年均增长率，百分比）

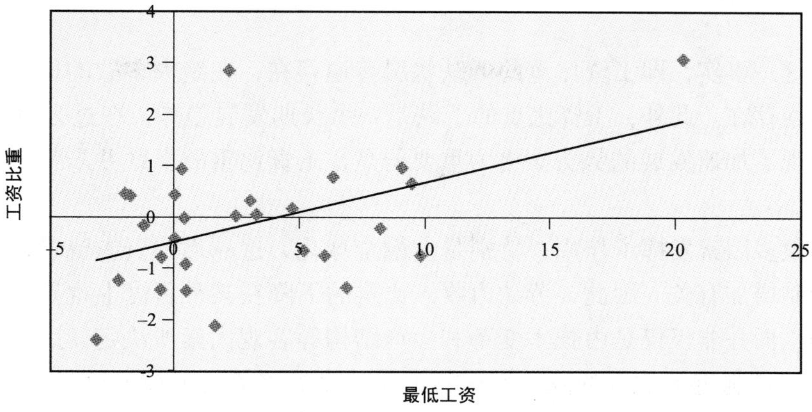

注：该图表示的是 1993—2005 年期间部分新兴和发展中国家的最低工资年均增长率和未经调整的劳动力收入比重的年均增长率（有关国家的详细列表，参见附录 C）。最低工资按照月最低工资占平均工资的比率进行计算。

资料来源：国际劳工研究所的估算（参见附录 C）。

（2010 年）的研究表明，失业保险这种劳动力市场管制措施将减少家庭在经济衰退期间的预防性储蓄，从而维持社会总需求。

在技能水平方面，工会密度仍对高技能和中等技能工人的工资比重具有正面影响。两种系数非常类似（分别为 0.029 和 0.035），表明两种不同技能水平的工会有效性相似。不过，工会密度对提升低技能工人劳动力收入比重的能力相对薄弱（该系数为正，但不显著；参见附录 C 的表 3C.3）。

补发工资对高技能工人的劳动力收入比重具有很强的负面影响。该影响系数为 -0.128，比较显著。补发工资对中等技能工人的劳动力收入比重也具有负面影响，但相对较弱（影响系数为 -0.093），而补发工资对低技能工人劳动力收入比重的影响系数为正，且比较显著（0.126）。

……经过良好设计的最低工资对新兴和发展中国家也具有正面影响。

由于缺乏现有数据，中等收入和低收入国家中劳动力市场管制对收入分配的影响往往难以评估。不过，新的数据库包括三种劳动力市场管制措施，即 1980—2005 年期间的最低工资、补发工资和就业保障法规。图 3.4 是一张散点图，阐释了最低工资（横轴）与工资比重（纵轴）之间的相互关系。尽管各国之间存在差异，但最低工资和劳动力收入比重总体呈正相关关系（参见附录 C 的表 3C.4）。[1]

1　例如卡德等人（2004 年）发现了最低工资有助于降低工资差异的证据。

第三节　政策考量

本章强调了这一事实，即工资比重的下跌状况普遍存在，在绝大多数的地区和不同收入群体均存在。此外，工资比重的下跌是一个长期发展趋势，在过去10年间很多地区出现了加速发展的势头。更为重要的是，工资比重的下跌并未带来就业机会的增加。

在此方面，很多因素发挥了作用，特别是金融全球化，这一点与资本流量以及劳动力市场管制增加有关。因此，劳动力收入比重的下降在某种程度上也是由机制改革决定的，而并非仅仅是由技术变革和生产结构等客观因素所决定。因此我们得出结论，如果制定了适宜的政策，这一近期的发展趋势可能就不会发生。对于新兴和发展中经济体，这些政策是对短期资本流动进行更好的管理。初步证据表明，很多对短期资本流动开展管制的国家（如智利等）受到全球金融危机的影响相对较小。而在高收入国家，金融与功能性收入分配之间的传导渠道主要与新的企业治理形式有关（参见第二章）。很多企业已采取了限制性就业和工资政策，以最大限度地将红利分配给股东。从这一角度看，金融资本的高回报成为阻碍企业投资于产能的不利诱因。要恢复合理的激励因素，税收改革可能是最适宜的工具（参见第五章）。

决策者还可以采取积极主动的措施，通过鼓励更加有效的对话和增强小型企业的社会对话，来提高工资比重。此外，有效的集体协商可以改善劳动力市场的成果（参见第六章）。得到良好设计的最低工资（如定期提高最低工资、提高有保证的购买力）可以重新保持有利于劳动力的收入再平衡，特别是在中等收入和低收入国家。同时，有效的社会对话对于政策设计至关重要。最低工资还有助于维持低技能工人的收入水平——低技能工人的劳动力收入比重受到工资比重下降趋势的影响最大。

展望未来，必须制定一项全面创收战略，遏制劳动力收入比重的长期下跌趋势。该项战略将确保各国实现在经济发展和公平两方面的目标。

附录 A

工资比重的定义

工资比重是指企业创造的收入中为工人所获得的收入比重。其对应的是利润比重，即企业创造的收入中为资本家所获得的收入比重。创造收入的评估指标是附加值，即产出值扣除中间消费所得的收入。工人收入比重以员工的薪酬来衡量。员工薪酬是指以现金或实物形式支付的工资和薪金，以及由雇主支付的社保缴费。

$$工资比重 = \frac{员工薪酬}{企业附加值}$$

尽管该比率的计算似乎非常简单，但劳动力收入和企业附加值的定义在评估方面面临很多困难。这导致了人们采取各种办法，试图调整对劳动力收入和附加值的定义。这些调整可能严重影响工资比重的水平及其发展趋势。比如，阿什肯纳齐和提姆比奥（2003 年）的研究表明，对法国和美国工资比重采取不同的定义，使得被观察到的工资比重发展趋势发生了改变。

计算中的主要问题与自雇者的劳动力收入比重有关。员工薪酬仅仅包括了工薪阶层的劳动收入。有关自雇者的分类很广，随着时间的变化可能出现显著的改变。由于自雇者并非工人也并非资本家，其收入在收入的一次分配中也存在争议。一个常见的策略是，以企业员工薪酬为基础来计算自雇者薪酬。共有三种计算方法。第一种计算方法是，给自雇者分配一个工资额，其工资相当于企业员工的平均工资。目前计算自雇者工资的方法是将企业员工薪酬乘以自雇者数量占总就业人口比例的加权数。

$$工资比重 = \frac{员工薪酬}{附加值} \times 自雇比率$$

$$自雇比率 = \frac{总就业人口}{总员工人数}$$

相反，邦托利拉和圣保罗（2003 年）认为，自雇者的收入通常低于企业员工的收入。他们认为，自雇者的假定工资通常为企业员工平均工资的 2/3。

第二种计算方法是，按照各行业的企业员工工资推算出自雇者的工资。[1] 其主要的看法是不同行业的自雇者收入存在显著的差异。此外，自雇者的组成随着时间的变化会出现波动。比如在法国，20 世纪 70 年代时期的自雇者主要集中于农业部门，而在 21 世纪前 10 年自雇者主要集中于服务行业。

第三种计算方法是，根据微观数据推算出自雇者的工资（参见杨的文章，1994 年）。同样，弗里曼（2011 年）利用美国家庭调查数据，将在年龄、教育、性别和行业方面拥有同样特征的企业员工工资转嫁到自雇者身上。这种推算方法导致总的工资比重增长了 0. 03 个百分点。在部分行业（如农业），这种校正比例更要大得多。

1　例如参见阿什肯纳齐的文章（2003 年）；凯瑞的文章（2007 年）。

图 3A.1　不同地区总员工人数占总就业人口的比率

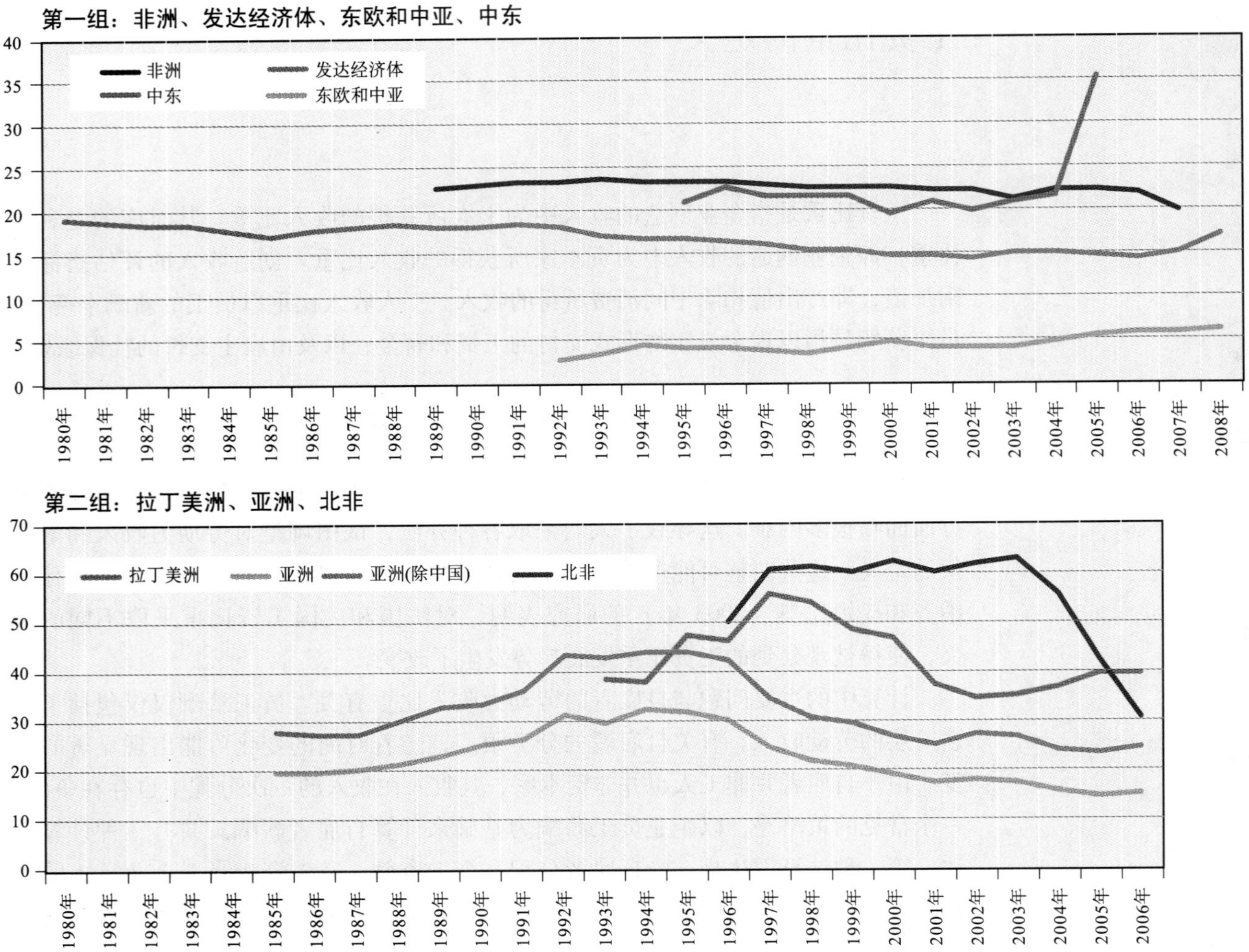

注：该图显示的是总员工人数占总就业人口比率的地区加权平均值。该比率是上述自雇者比率的倒数。

资料来源：国际劳工研究所的估算。

在经合组织国家，自雇比率从 1980 年的 20%降至 2005 年的接近 14%（参见图 3A.1）。在中亚和中欧及东欧国家、非洲国家，以及中东和北非国家，该比率存在显著差异，分别在 5%、22%和 55%左右。不过，这些国家的自雇比率相对保持稳定，但近年来有所变化。在 21 世纪前 10 年里，这些国家的自雇比率出现了大幅波动，特别是北非国家，2000—2006 年期间，北非国家的自雇比率减少了一半。2004—2005 年期间，中东国家的自雇比率从 20%猛增至 35%，而此前这一比例一直保持在 20%左右。最后，亚洲国家（包括中国和不包括中国）以及拉丁美洲国家的自雇比率出现了倒 U 型走势。20 世纪 90 年代前五年，亚洲国家出现了自雇比率增长的状况，而 20 世纪 90 年代后五年，拉丁美洲国家也出现了相同的情况。

附录 B
数据来源

工资比重数据库由 M. 查普于 2008 年编制，2010 年由乌玛·阿玛拉·拉尼（amara@ ilo. org）进行了改进和扩充。我们使用了三种不同的数据来源来计算工资比重。对于高收入国家，我们使用的是经合组织数据。在此方面，经合组织拥有高收入国家国民核算账户的详细信息以及企业员工占总就业人口比率的详细数据。对于巴西和中国，在现有数据序列有限的情况下，我们采用的是来自两国统计机构的数据。对其他国家和地区而言，我们采用的是联合国“国民核算账户”数据。

高收入国家：澳大利亚、奥地利、比利时、保加利亚、加拿大、塞浦路斯、捷克共和国、丹麦、爱沙尼亚、芬兰、法国、德国、希腊、匈牙利、冰岛、爱尔兰、意大利、日本、韩国、拉脱维亚、立陶宛、卢森堡、墨西哥、荷兰、新西兰、挪威、波兰、葡萄牙、罗马尼亚、斯洛伐克共和国、斯洛文尼亚、西班牙、瑞典、瑞士、土耳其、英国、美国。

拉丁美洲和加勒比地区：阿根廷、阿鲁巴、巴哈马、玻利维亚、巴西、英属维尔京群岛、智利、哥伦比亚、库克群岛、哥斯达黎加、古巴、多米尼加共和国、厄瓜多尔、危地马拉、洪都拉斯、牙买加、墨西哥、荷属安的列斯群岛、尼加拉瓜、巴拿马、巴拉圭、秘鲁、塞舌尔、特立尼达和多巴哥、乌拉圭、委内瑞拉。

非洲：贝宁、博茨瓦纳、喀麦隆、科特迪瓦、吉布提、加蓬、肯尼亚、毛里求斯、莫桑比克、纳米比亚、尼日尔、尼日利亚、卢旺达、塞内加尔、南非、苏丹、斯威士兰、坦桑尼亚（大陆）。

北非：阿尔及利亚、埃及、摩洛哥、突尼斯。

中欧和东欧以及中亚：亚美尼亚、阿塞拜疆、白俄罗斯、克罗地亚、吉尔吉斯斯坦、摩尔多瓦共和国、俄罗斯联邦、塞尔维亚、前南马其顿、乌克兰。

中东：巴林、伊朗、伊拉克、以色列、约旦、科威特、利比亚、阿曼、卡塔尔、沙特阿拉伯、阿拉伯联合酋长国、阿拉伯也门共和国（前）。

亚洲和太平洋地区：中国、斐济、中国香港、印度、哈萨克斯坦、蒙古、巴布亚新几内亚、菲律宾、新加坡、斯里兰卡、泰国。

对高收入国家的劳动力收入比重进行了调整。针对除巴林、贝宁、英属维尔京群岛、中国、库克群岛、科特迪瓦、斐济、加蓬、印度、伊拉克、牙买加、约旦、肯尼亚、科威特、利比亚、莫桑比克、尼日尔、尼日利亚、巴布亚新几内亚、卢旺达、沙特阿拉伯、塞内加尔、苏丹、斯威士兰、坦桑尼亚（大陆）和阿拉伯也门共和国（前）以外的中等收入和低收入国家的自雇者工资比重进行了调整。

附录 C
回归分析

表 3C. 1 显示的是回归分析的结果。回归分析使用相关的估算技术和对照变量，分析了金融化和劳动力市场管制对工资比重的影响。第一组展示了高收入国家的回归分析结果，包括对总劳动力收入比重的估算以及对不同技能层次劳动力的收入比重估算。估算的详细情况参见表 3C. 2 和表 3C. 3。第二组通过对三大地区，即东欧、拉丁美洲和亚洲，展示了中等收入和低收入国家工资比重的估算结果。回归分析的详细情况参见表 3C. 4。

表 3C. 2 展示了利用 1981—2003 年期间 16 个发达经济体的面板数据开展的估算结果。因变量是利用 AMECO 数据库计算的经过调整后的工资比重。解释变量可以分为三组变量。第一组变量包括资本—劳动力比。该变量用作劳动力和资本投入的替代指标。如果资本—劳动力比为正，表明劳动力和资本之间的替代弹性较低。

第二组变量采用资本和劳动力的协商能力来替代收入指标。贸易开放度采用出口额加进口额之和占 GDP 的比率来衡量。金融全球化程度即境外资产与负债额之和占 GDP 的比重，使用的是兰恩和米莱斯—费瑞提（2007 年）的计算公式。劳动力市场变量采用的是巴萨尼尼和杜瓦尔（2006 年）开发的变量，包括工会密度、补发工资、劳务税和就业保障法规。

最后一组变量是控制变量。有关人口结构的两个控制变量分别为：年轻人占总劳动力的百分比，以及老年人占总劳动力的百分比。这组变量还包括：（1）人均 GDP，代表一国的发展程度；（2）银行利率，代表金融自由化对政府控制货币政策能力的影响程度；（3）汇率，因为汇率对贸易和金融全球化具有影响。汇率是美元兑本国货币的比率。最后三个变量的数据来源于兰恩和米莱斯—费瑞提（2007 年）。

为了估算我们的模型，采用了广义最小二乘和时间哑元变量，来对照误差项的可能异方差性和相互关系。同时，我们还检验了解释变量和因变量中的单位根存在情况。检验是按照国家群组，而非单个国家进行的。50% 的群组单元根检验（迪基—富勒和菲利普斯—佩荣扩大的检验方法）结果表明，工资比重保持稳定，而按照单个国家（国家层次）进行的检验也是如此。与我们的检验策略不同的是，史托克哈默（2009 年）是针对单个国家层次的单元根进行检验的。我们的检验结果还表明，解释变量中有三个变量（即就业保障法规、金融全球化和人均 GDP）并非固定不变。因此，我们在计算时采用的是这些变量的一阶差分。

表 3C.1　不同社会对话程度下的政策调整对产值、就业、工时数和通胀的影响

第一组：高收入国家

		金融全球化	贸易开放度	工会密度	劳务税	补发工资
技能	总体水平	−	−	+	+	−
	高	n. s.	−	+	+	−
	中	n. s.	+	+	−	−
	低	n. s.	−	n. s.	−	+

注：本表汇总了表 C3.2 和表 C3.3 中有关金融全球化和劳动力市场管制的不同措施对收入比重影响的估算结果。表中符号表示的是影响的趋势；n. s. ＝系数在统计学上不具有显著性。

第二组：中等收入和低收入国家

		资本账户的开放度	贸易开放度	补发工资	就业保障	最低工资
中等和低收入国家	东欧	−	−	−	+	+
	拉丁美洲	−	n. s.	−	−	+
	亚洲	+	n. s.	+	−	−

注：本表汇总了表 C3.4 中有关金融全球化和劳动力市场管制的不同措施对收入比重影响的估算结果。表中符号表示的是影响的趋势；n. s. ＝系数在统计学上不具有显著性。

表 3C.2　16 个高收入国家的基线回归分析，1981—2005 年

	经过调整后的工资比重			
资本—劳动力之比	0.245***	0.291***	0.259***	0.247***
贸易开放度	−1.523***	−2.365***	−2.278***	−2.340***
金融全球化	−0.019***	−0.019***	−0.013***	−0.012***
工会密度	0.019***	0.021***	0.027***	0.029***
劳务税	0.055***	0.144***	0.123***	0.123***
补发工资	−0.022***	−0.072***	−0.071***	−0.079***
就业保障	0.833***	−0.082	−0.238	−0.29
年轻人占总劳动力的百分比	−0.989	2.479	0.93	0.125
老年人占总劳动力的百分比	54.239***	−72.155***	−66.460***	−65.460***
汇率		−0.004***	−0.004***	−0.004***
人均 GDP			−0.002***	−0.002***
实际利率				0.016
常数项	70.530***	72.260***	75.016***	75.263***

* P<0.10；** P<0.05；*** P<0.01

注：估算采用的是广义最小二乘法，时点固定效应。对误差项进行了矫正用于误差相关性分析。涉及的国家包括奥地利、比利时、加拿大、丹麦、芬兰、法国、爱尔兰、意大利、日本、荷兰、挪威、葡萄牙、西班牙、瑞典、英国和美国。由于德国在 1991 年统一前资本存量的时间序列数据缺失，因此德国未被包括在内。

表 3C.3　10 个高收入国家不同技能水平的工人工资比重估算，1981—2005 年

	未经调整的总体水平	经过调整后的工资比重		
		高技能	中等技能	低技能
贸易开放度	−1.628***	−5.966***	11.419***	−5.993***
金融全球化	0	−0.002	0.004	0.003
工会密度	0.083***	0.029***	0.035***	−0.005
劳务税	−0.070***	0.186***	−0.151***	−0.032*
补发工资	−0.039***	−0.128***	−0.093***	0.126***
就业保障	0.224	−0.093	2.266**	−0.962
汇率	−0.008***	−0.008***	0.006***	−0.007***
人均 GDP	−0.001***	−0.000**	0	−0.001***
实际利率	−0.036	0.096***	0.208**	−0.203***
常数项	61.533***	18.159***	29.119***	13.312***

* $P<0.10$，** $P<0.05$，*** $P<0.01$

注：估算采用的是广义最小二乘法，时点固定效应。对误差项进行了矫正用于误差相关性分析。

表 3C.3 中第 2—4 列展示了对高技能、中等技能和低技能工人工资比重的分析结果。鉴于提供工资比重数据的国家数量以及数据来源（欧盟—KLEMS）与表 3C.2 中的估算数据不同，表 3C.3 第 1 列展示的是总工资比重的估算数据。其估算结果与表 3C.1 一致，但金融全球化这一变量除外，目前该变量不具有显著性；而劳务税变量为负（此前为正）。估算结果不同的主要原因是不同的国家取样，表 3C.3 的估算是基于 10 个而非 17 个高收入国家。数据来源也不同，表 3C.3 的数据来源为 AMECO，而不是欧盟—KLEMS。

对于中等收入和低收入国家而言，没有证据表明劳动力市场管制对劳动力收入比重存在影响。如以上阐述，此类分析受到数据缺乏和劳动力市场条块分割的不利影响。本节旨在利用最新的数据库，即“低—中—高收入国家劳动力市场管制”数据库（阿勒克斯恩斯卡和辛德勒，2011 年），来弥补这一缺口。

我们按照各国所处的地区对其进行了分类。其中，东欧地区包括 11 个国家，拉丁美洲地区包括 12 个国家，亚洲地区包括 65 个国家以及中国香港。该面板数据为非平衡面板，涵盖年份从 1980 年至 2005 年。因变量为未经调整的工资比重。如以上所强调的，在拥有非正式经济形式的经济体中其自雇者比率较大，经过调整和未经调整的工资比重之间的差异可能很大。由于劳动力市场管制主要影响正式就业工人，未经调整的工资比重看来是最为适宜的评估指标。

根据高收入国家的情况，我们还分析了贸易和金融全球化对工资比重的影响。我们在此项分析中增加了资本账户开放度这一评估指标。此前，该指标未包括在高收入国家类别的分析中。由于在所分析的时期内资本市场放宽管制，资本账户自由化在此项分析中似乎具有至关重要的作用。因此，我们采用了由齐恩和伊东（2006 年）建议的指标。此外，我们还分析了货币危机的影响。迪旺（2001 年）

表 3C.4　中等收入和低收入国家的工资比重估算（非平衡面板数据）

	未经调整的工资比重			
	东欧	拉丁美洲	亚洲（含中国）	亚洲（除中国）
贸易开放度	-0.039***	-0.021	-0.093***	-0.008
金融全球化	0.007	0.016	0.027***	0.014
资本账户开放度	-0.014***	-0.011***	0.012***	0.043***
补发工资	-0.243***	-0.165**		0.262***
就业保障	0.009***	-0.002***		-0.009***
最低工资	0.257***	0.073***	-0.582***	-0.131***
危机（虚拟）	-0.027*	-0.025**	-0.046	-0.008
人均 GDP	0	0	0	0***
实际利率	0	0.000**	-0.003	-0.001

* P<0.10，** P<0.05，*** P<0.01

注：估算采用的是广义最小二乘法，时点固定效应。对误差项进行了矫正用于误差相关性分析。

的研究显示，资本流动的突然中断会导致工资比重的大幅下降。虚拟变量取代了货币危机这一指标，当汇率贬值幅度超过25%时，将采用1这一比值。

与劳动力市场管制相关的数据库包含有关最低工资、补发收入和就业保障法规方面的信息（阿勒克斯恩斯卡和辛德勒，2011年）。上述三种变量的标准偏差较低，特别是失业救济和就业保障法规两种变量。这反映出这些经济体存在大量的非正式就业情况。相反，最低工资的波动性相对更大。不足之处是存在大量数值的缺失。为克服这一局限因素，我们采用了非平衡面板数据。因此，我们得以拥有更长时间序列的数据，从而可以了解到劳动力市场管制的变化情况，同时将所有提供数据的国家均纳入在内。该估算过程与经合组织国家使用的方法略有不同。我们仍然采用广义最新二乘法进行估算，仅针对跨部门的异方差性进行了对照分析。此外，我们也分析了时点固定效应。最低工资比是指最低工资与平均工资之比。失业救济金是指连续两年失业期间平均总补发工资水平。在就业保障法规方面，我们分析了两个指标，即必须提前发出解雇通知以及按照法律规定必须发放遣散费。

参考文献

Aleksynska, M.; Schindler, M. 2011.*Labormarket regulations in low-, middle- and high-income countries: A new panel database*, IMF Working Papers WP/11/154 (International Monetary Fund).

Askenazy, P.; Timbeau, X. 2003. "Partage de la valeur ajouté et rentabilité du capital en France et aux Etats-Unis: Une réévaluation; suivi d'un commentaire de Xavier Timbeau", in *Economie et Statistique*, Vol. 363, No. 1, pp. 167–179.

Bassanini, A.; Duval, R. 2006. "The determinants of unemployment across OECD countries", in *OECD Economic Studies*, Vol. 42, pp. 7–86.

Bentolila, S.; Saint-Paul, G.2003. "Explaining movements in the labor share", in *The BE Journal of Macroeconomics*, Vol. 3, No. 1, Article 9.

Bowles, S.; Boyer, R. 1995. "Wages, aggregate demand, and employment in an open economy: An empirical investigation", in G.A. Epstein; H.M. Gintis (eds.): *Macroeconomic Policy after the Conservative Era: Studies in Investment, Saving and Finance* (Cambridge, Cambridge University Press), pp. 143–171.

Breusch, T.; Ward, M.B.; Nguyen, H.T.M.; Kompas, T.2011. "On the fixed-effects vector decomposition", in *Political Analysis*, Vol. 19, No. 2, pp. 123.

Bridji, S.; Charpe, M. 2010. *Dual labor markets with search costs*, mimeo (Geneva, International Institute for Labour Studies).

Bureau of Economic Analysis. 2011. *National Income and Product Accounts Tables* (US Department of Commerce). Available at: http://www.bea.gov/national/nipaweb/index.asp.

Canry, N. 2007. "La part salariale dans le PIB en France: Comment corriger au mieux le phénomène de la salarisation croissante de l'emploi", in *INSEE Méthodes*, Vol. 118, p. 208–223.

Card, D.; Lemieux, T.; Riddell, W.C. 2004. "Unions and wage inequality", in *Journal of Labor Research*, Vol. 25, No. 4, pp. 519–559.

Challe, E.; Ragot, X.2010. *Precautionary saving over the business cycle*, mimeo (Paris School of Economics).

Checchi, D.; García-Peñalosa, C. 2010. "Labour market institutions and the personal distribution of income in the OECD", in *Economica*, Vol. 77, No. 307, pp. 413–450.

Chinn, M.; Ito, H. 2008. "A new measure of financial openness", in *Journal of Comparative Policy Analysis*, Vol. 10, No. 3, pp. 309–322.

Diwan, I. 2001. *Debt as sweat: Labor, financial crises, and the globalization of capital*, mimeo (World Bank).

Ebenstein, A.; Harrison, A.; McMillan, M.S.; Phillips, S. 2009. *Estimating the impact of trade and offshoring on American workers using the current population surveys* (Cambridge, MA, National Bureau of Economic Research).

Franke, Reiner; Flaschel, Peter; Proano, Christian R., 2006. "Wage-price dynamics and income distribution in a semi-structural Keynes-Goodwin model," *Structural Change and Economic Dynamics*, Elsevier, vol. 17(4), pages 452-465, December.

Freeman R.A.2011. *Labour income from self-employment and the labour share in the United States,* mimeo, OECD Paris.

Harrison, A.E. 2002. *Has globalization eroded labor's share? Some cross-country evidence,* mimeo, Berkeley, CA: University of California at Berkeley and NBER.

Hein E.; Vögel, L. 2008. "Distribution and growth reconsidered: Empirical results for six OECD countries", in *Cambridge Journal of Economics*, Vol. 32, No. 3, pp. 479–511.

International Institute for Labour Studies. 2008. *World of Work Report 2008: Income inequalities in the age of financial globalization* (Geneva, ILO).

International Labour Office. 2010. *Global Wage Report 2010/11: Wage policies in times of crisis 2010/11* (Geneva).

Jaumotte, F.; Tytell, I.2007. *How has the globalization of labor affected the labor income share in advanced countries? IMF Working Paper WP/07/298*(International Monetary Fund).

Jayadev, A. 2007. "Capital account openness and the labour share of income", in *Cambridge Journal of Economics*, Vol. 31, No. 3, 423–443.

Kalecki, M. 1938. "The determinants of distribution of the national income", in *Econometrica*, Vol. 6, No. 2, pp 97-112.
Koeninger, W.; Leonardi, M.; Nunziata, L. 2007. "Labour market institutions and wage inequality", in *Industrial and Labor Relations Review*, Vol. 60, No. 3, pp. 340–356.
Lane, P.R.; Milesi-Ferretti, G.M. 2007. "The external wealth of nations mark II: Revised and extended estimates of foreign assets and liabilities, 1970–2004", in *Journal of International Economics*, Vol. 73, No. 2, pp. 223–250.
Malinvaud, E. 1980, *Profitability and Unemployment.* Cambridge: Cambridge University press.
Naastepad, C.W.M. and Servaas Storm. 2007. OECD demand regimes (1960-2000). *Journal of Post Keynesian Economics* 29 (2): 211-246.
Nickell, S.; Nunziata, L.; Ochel, W. 2005. "Unemployment in the OECD since the 1960s. What do we know?", in *Economic Journal*, Vol. 115, No. 500, pp. 1–27.
Picketty T. 2001. *Les hauts revenus en France au XXe siècle* (Paris, Grasset).
Ravenna, F.; Walsh, C.E. 2008. "Vacancies, unemployment, and the Phillips curve", in *European Economic Review*, Vol. 52, No. 8, pp. 1494–1521.
Schindler, M. and Aleksynska, M., 2011. *Labor Market Regulations in Low-, Middle-and High-Income Countries: A New Panel Database.* IMF Working Papers, International Monetary Fund.
Solow, R.M.1958. "A skeptical note on the constancy of relative shares", in *American Economic Review*, Vol. 48, No. 4, pp. 618–631.
Stockhammer, E. 2009. *Determinants of functional income distribution in OECD countries*, IMK Studies (IMK at the Hans Boeckler Foundation, Macroeconomic Policy Institute).
Stockhammer, E., Onaran, Ö., and Ederer, S. 2009. Functional income distribution and aggregate demand in the Euro area. *Cambridge Journal of Economics*, 33 (1), 139-159.
Tinel B.; Perraudin C.; Thèvenot N.; Valentin J. 2007. "La sous-traitance comme moyen de subordination réelle de la force de travail", in *Actuel Marx*, Vol. 1, No. 41, pp. 153–164.
Young, A.T. 2004. "Labor's share fluctuations, biased technical change, and the business cycle", in *Review of Economic Dynamics*, Vol. 7, No. 4, pp. 916–931.
Young, A.T. 2010. "One of the things we know that ain't so: Is US labor's share relatively stable?", in *Journal of Macroeconomics*, Vol. 32, pp. 90–102.
Zenou, Y.2008. "Job search and mobility in developing countries. Theory and policy implications", in *Journal of Development Economics*, Vol. 86, No. 2, pp. 336–355.

第四章
投资粮食安全，以推动就业增长[1]

主要研究成果

- 鉴于粮食价格在过去几十年间不断上涨，本章将分析该发展趋势对发展中国家的就业和收入分配的影响。从积极的一面看，粮食价格的上涨可以惠及很多发展中和新兴经济体。在这些国家，大量的劳动力从事农业生产（“农业收入效应”）。从消极的一面看，粮食价格的上涨将加剧第一章所阐述的收入不平等现象，并使弱势群体（如城镇净购买者和农村小型农户）的贫困情况加剧（“贫困效应”）。
- 本章发现，（积极的）农业收入效应很小。首先，粮食价格上涨所带来的收益主要由金融市场的中介机构和经营者获取，而非小型农业生产者。事实上，粮食商品已成为一个主要的金融产品。商品基金的投资额已从 2003 年的 130 亿美元飙升至 2011 年 5 月的 3520 亿美元。2011 年，七大投资商商品基金的回报率达到了 6%—38%。其中一个大型投资商的商品基金总回报率在 2003—2008年期间增长了 84%。然而在同一时期，粮食生产者的粮食售价总体增幅较低。例如，巴西、喀麦隆和马里的主要粮食作物的生产者价格仅增长了 10%—20%，而布基纳法索、埃塞俄比亚和肯尼亚，这一数字为 10%—30%。其次，由于粮食价格波动巨大，粮食生产者（尤其是小型生产者）往往将农业收入的增长视为暂时性增长。2006—2010 年期间，粮食价格的波动幅度是其前五年的两倍。因此，粮食生产者缺乏对投资农业收入收益的稳定看法，导致了粮食短缺问题长期存在。
- 大量证据表明，（消极的）贫困效应与粮食价格上涨密切相关。接近一半的、提供有数据的国家中，1/5 最贫困家庭的粮食支出在其家庭收入中的比重平均超过 60%——拉丁美洲的这一比重为 38%，亚洲和非洲分别为 70% 和 78%。

1　感谢埃里克 · 巴路和亚当 · 卡恩在研究方面提供的出色协助。

本章发现，如果粮食价格再上涨 30%，可能导致那些粮食长期短缺的国家的贫困率增长 3 个百分点，如孟加拉国、印尼、马拉维、尼泊尔和越南等。此外，据估算，如果粮食价格再上涨 30%，可能使低薪工人被迫每月再找一份为期一周的工作机会，这样才能维持其现有的生活水平。

此项分析也印证了其他一些机构，如联合国粮农组织（FAO），要求提高农业公共投资的呼吁。本章同时强调，必须减小粮食价格的波动性，以便增强农业收入效应，提高市场投资农业的积极性。因此，必须抑制粮食商品的金融投机行为，尤其是通过管制商品合约衍生产品，以及对此类交易征税等方式（参见第五章）。

引言

过去 10 年间，粮食价格大幅上涨，并可能持续保持高位波动[1]，从而危及很多国家减贫目标的实现并影响其发展前景。根据联合国粮农组织粮食价格指数显示，2011 年 8 月至 2011 年期间，全球粮食价格同比上涨了 30%，其中一些重要的粮食的价格上涨幅度最大。由于绝大部分的发展中国家属于粮食净进口国，粮食价格的上涨无疑将对其国民收入和就业状况造成负面影响。预计 2011 年发展中国家的粮食进口额将增至 4560 亿美元，同比涨幅约为 25%（联合国粮农组织，2011a）。这并非一个暂时现象。粮食价格（以及粮食危机）在很大程度上往往是由于外部事件所导致的，但在过去 10 年间导致粮食价格上涨的主要推动因素发生了转变，近年来粮食商品从本质上成为了一种金融产品。

图 4.1　粮食价格和石油价格的变动趋势（2000 年 =100）

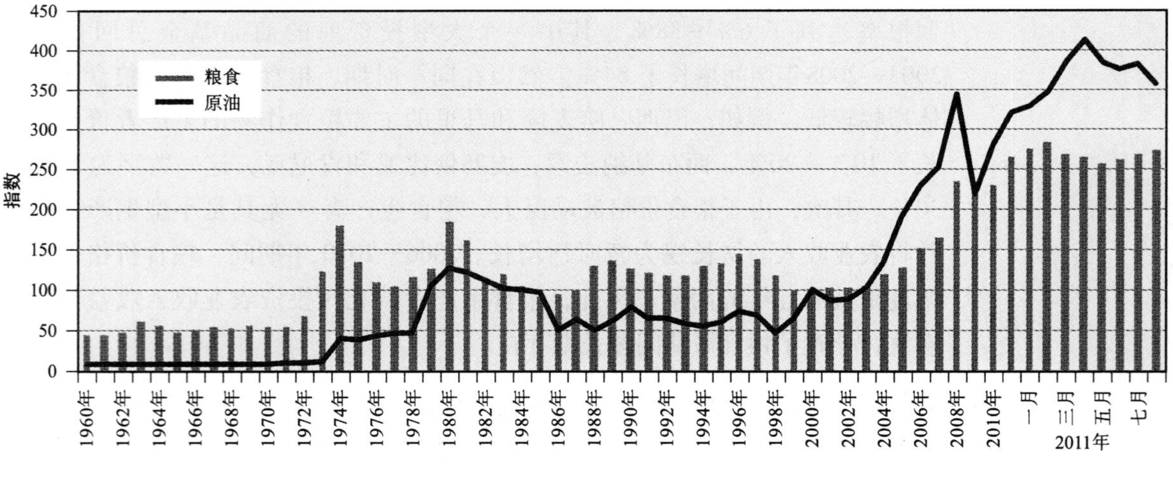

资料来源：国际劳工研究所基于联合国贸发会议的统计数据。

1　基于联合国（2011 年）和美国农业部（2011 年）的预测数据。

过去50年间的全球粮食危机主要是因战争和革命导致的（参见图4.1）。比如，1979年的“伊朗革命”和1991年伊拉克入侵科威特导致了石油价格的上涨，并波及化肥和粮食的运输成本；此外，1990年苏联的解体也导致全球小麦价格的猛涨。不过，自2000年以来，粮食价格波动与能源价格波动之间的关联性更强了。由于能源是农业生产中的投入要素之一，因此在某种程度上通过预测能源价格的变动状况来预测粮食价格的变动趋势符合逻辑。不过，能源价格和粮食价格之间的关联性更为密切也体现了机构投资者从传统市场转向商品市场，包括石油和农业商品市场的发展动向（瓦尔，2009年）。

商品市场的金融化已使机构投资者和个人投资者普遍获益。不过，它所带来的负面影响往往主要由粮食净进口发展中国家和贫困家庭承担。通常，粮食价格上涨将对公共财政造成压力（增加政府补贴），并且缩小了政府针对社会保障、创造就业机会和农村发展采取的政策空间。政府在政策方面的挑战是如何通过为那些极度穷困的人口提供直接援助，同时采取有助于物价稳定的中长期措施，来改善粮食安全性。

本章的结构如下：第一节分析了粮食价格上涨对宏观经济、劳动力市场和社会的影响。第二节分析了导致粮食价格上涨的因素。第三节探讨了政策方面的关键挑战。

第一节　粮食价格上涨的宏观经济、就业和收入效应

在宏观经济层面，粮食价格不断上涨的负面影响来自于通胀和贸易因素。贸易影响在粮食进口国尤其重大，这是因为粮食进口额相对于出口额增长，将导致这些国家的国际收支状况恶化。[1] 对于绝大部分缺乏粮食的低收入国家（LIFDC）[2] 来说——很多国家的GDP同时面临巨大的经常账户赤字，并严重依赖于谷物等主要粮食的进口——它们的状况尤其容易受到影响（联合国粮农组织，2009年）。

在此方面，粮食价格上涨将对缺乏粮食的低收入国家造成更大的影响。在这些国家中，鉴于粮食在其消费组合中占据很大的比重，粮食价格上涨加剧了工人实际工资收入下跌的压力——除非工资的水平同样跟上以弥补粮食价格上涨的状况，但这一点实际很难实现。鉴于用于粮食的收入比重上涨，消费者在其他商品方面的支出相应下降，这将对其经济增长、就业状况和贫困人口在中期造成不利的影响。此外，那些为贫困人口提供粮食补贴的发展中国家的财政收支状况也在恶化。这可能反过来导致这些国家财政空间的不断缩小，从而对其教育和医疗发展计划带来潜在的负面影响。

1　不过，可能存在抵消效应——很多粮食进口国从其非粮食商品（如石油和矿产）出口价格上涨以及汇率影响（由于粮食商品以美元计价）中受益。

2　这些国家的人均国民收入低于1855美元，其基本主食处于净进口粮食贸易地位。

通胀效应对很多发展中国家的影响最为直接……

国际粮食市场的价格上涨对本地粮食市场的波及效应对发展中经济体的影响比对发达经济体的更大。其原因之一在于，发展中经济体的主要粮食成本在其总体粮食产品价格中占据更大的比重。发展中国家粮食加工相对较少，因此在多数情况下，发展中国家的其他成本（如劳动力和运输成本）要比发达经济体低得多（国际货币基金组织，2011 年）。国际粮食价格的上涨因素占新兴经济体整体通胀率接近 70%（国际货币基金组织，2008 年），并导致 2008 年年中其整体通胀率上涨近 4 个百分点，而发达经济体仅上涨约 1 个百分点（切凯蒂和莫斯纳，2008 年）。

其他实证研究也印证了国际粮食价格上涨在发展中国家的强烈波及效应。例如，罗拉等人（2011 年）发现，最近国际粮食价格的上涨可能导致玻利维亚、多米尼加共和国、萨尔瓦多和危地马拉的国内通胀率上涨至少 10 个百分点，导致巴哈马群岛、哥伦比亚、厄瓜多尔、洪都拉斯、巴拿马和秘鲁的国内通胀率上涨 5—10个百分点。

因此，很多发展中国家的国内粮食价格与国际粮食价格的发展趋势保持密切联动，[1] 这一点从部分发展中国家的小麦价格变动情况即可得到证明——这些发展中国家的国内小麦价格紧跟国际市场的发展趋势而变动（图 4.2）。不过，存在某些时期国内粮食价格的上涨幅度低于国际市场的情况，也存在某些时期国内价格的上涨幅度超过国际市场的情况。亚洲地区的某些粮食商品就经历了这种现象，例如：2010 年 6 月—2011 年 2 月，国际市场的大米价格上涨了 16.8%，而孟加拉国、印尼和越南国内的大米价格分别上涨了 21.4%、21.6% 和 36.7%（亚洲开发银行，2011 年）。

当然，影响国际粮食价格波动对国内粮食价格的波及效应还有其他因素，如汇率波动、关税、基础设施、政府干预（以补贴和价格控制形式进行的干预）和其他市场失真现象（亚洲开发银行，2008a；霍约斯和梅德韦杰夫，2008 年）。例如，在粮食危机的高峰时期，印度国内的粮食价格相对较低，主要是由于印度政府采取了不同的商品政策，如通过政府采购、储存和分销建立国内粮库以及对国际贸易实施限制等（达维，2008 年），这些政策成为了一种“稳定器”。此外，国与国之间的粮食价格差异也可能很大，从而对那些基础设施很差的边远地区造成尤其巨大的影响。例如，根据对 30 个发展中国家的估算结果显示，2009—2010 年期间，与城镇地区的人口相比，位于贫困地区的人口要多支付 3.2% 的额外费用（奥提兹等人，2011 年）。

1　参见奥提兹等人（2011 年）的例子。奥提兹等人发现，58 个发展中国家的本地粮食价格与全球粮食价格之间存在紧密的关联性。

图 4.2　国际和国内市场的小麦价格（美元/吨）

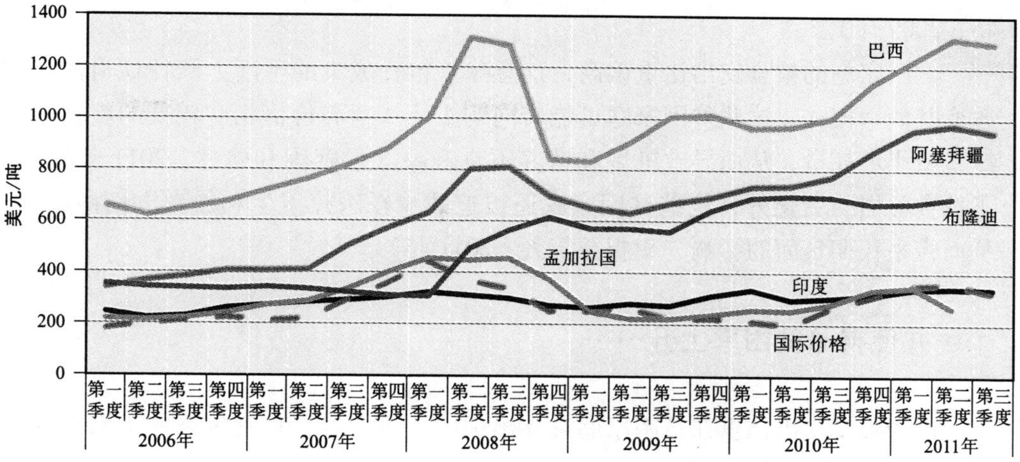

资料来源：国际劳工研究所基于联合国粮农组织“粮食价格数据与分析工具”的分析。

图 4.3　发展中国家的粮食支出占家庭总收入的比重

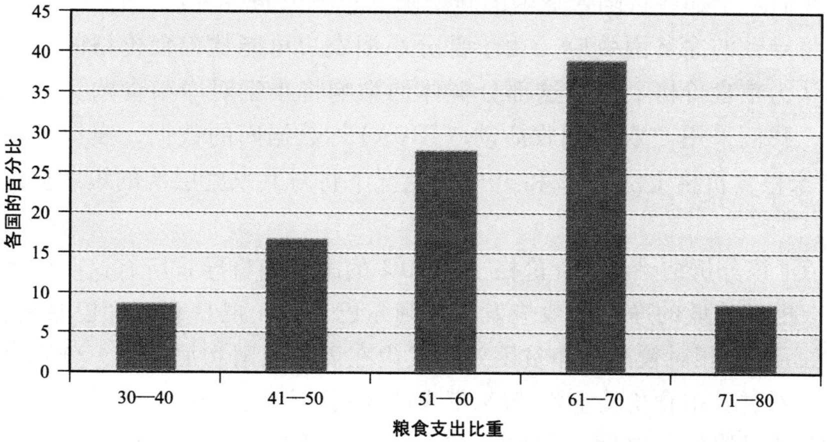

资料来源：国际劳工研究所基于世界银行全球收入分配动态（GIDD）数据库[1]的计算。

……尤其是对低收入净粮食购买者造成不利影响……

显而易见，低收入非农业家庭将受到粮食价格上涨的影响最大（巴雷特和贝勒马尔，2011 年）。根据世界银行的估算，2010 年 6 月至 12 月期间粮食价格的上涨导致全球处于日收入 1.25 美元贫困线以下的贫困人口新增加了 4400 万（世界银行，2011 年）。

采用“全球收入分配动态数据库”对世界 72 个发展中国家的分析结果表明，收入最低的 1/5 家庭的粮食支出在其家庭总收入中的比重分别在 38%（乌拉圭）至 82%（老挝）之间。在大约 47% 的国家中，收入最低的 1/5 家庭的粮食支出在其家庭总收入中的比重超过 60%（图 4.3）。相比之下，在发达经济体（如美国），

1　有关数据集研究方法的更多详细信息，参见阿卡等人的文章（2008 年）。

低收入城镇居民的粮食支出在其家庭总收入中的比重仅为12%左右（科恩和加雷特，2009年）。

贫困家庭的粮食支出比重偏高，这意味着粮食成本的不断上涨往往迫使他们改变其消费模式。这些贫困家庭可能转向购买一些营养价值相对较低的粮食产品或者减小消耗量，从而导致饥饿和营养不良现象（侯赛因和格林，2011年）。除了饮食习惯的变化外，这些贫困家庭还被迫减少在医疗卫生和教育方面的支出，从而带来长期负面的影响（奥提兹等人，2011年）。

……并使得总贫困率上升……

由于粮食支出比重在贫困家庭总支出中的比例上升，粮食价格的上涨将导致这些贫困家庭的购买力下降。因此，自2008年粮食危机以来，全球贫困人口估计已增长了3%—5%（伊万尼奇和马丁，2008年）。那些作为粮食净出售方的家庭将从粮食价格的上涨中受益，但作为粮食净购买方的家庭，尤其是那些位于城镇地区的家庭以及农业产业工人和边缘化农民的生活水平将会下降。

在本节，我们基于那些将陷入贫困的新增家庭比例（图4.4），估算了由于粮食价格上涨将导致的净贫困效应。[1] 由于部分小型农户可能从粮食价格的上涨中受益，我们认为粮食价格上涨对这部分群体的影响将小于对净粮食购买家庭的影响。同时，我们采用“农村创收活动（RIGA）”数据库的数据，模拟了在13个发展中国家粮食价格上涨10%和30%的情况下将对其家庭层次的短期贫困效应。

图4.4显示了该分析结果：粮食价格上涨10%的净影响将导致所有这些国家的贫困率上升，相对较低的净贫困效应发生在阿尔巴尼亚、尼日利亚和巴拿马，为0—0.04%之间，而相对较高的净贫困效应发生在孟加拉国和尼泊尔，分别为2.2%和2.9%。不过，粮食价格上涨30%带来的净贫困效应在0.04%（阿尔巴尼亚）与6.2%（尼泊尔）之间。危地马拉、印尼、马拉维、尼日利亚和越南的总贫困率将增至原来的三倍，而阿尔巴尼亚和巴拿马的总贫困率上涨幅度将小得多。

……以及降低实际工资和/或加大对劳动力供应增长的压力。

正如上文所提到的，粮食价格上涨还可能导致实际工资水平的下降。为了对名义工资进行必要的调整以抵消粮食价格上涨带来的损失，低收入家庭可能增加其劳动力供应，有时甚至通过使用童工的方式。我们基于RIGA数据库，通过模拟粮食价格上涨短期内对低收入家庭（如收入最低的1/5家庭和收入排名第二

1　为评估粮食价格变动的净贫困效应，我们采用以下公式：$\Delta y_i/y_i = \sum f_i/(\Delta p_i/p_i) - \sum s_i(\Delta w_i/\Delta p_i)$，其中$\Delta y_i/y_i$是家庭$i$的实际可达到支出的变动比例；*fi*是净销售额占家庭总净支出的比重向量；*si*是净生产要素收入占家庭总支出的比重。我们采用收入比重和支出比重来分析粮食价格变动对贫困状况的影响。同时，为分析价格效应，我们也考虑了该国的主要粮食作物状况。

图 4.4　粮食价格上涨 10% 和 30% 的净贫困效应

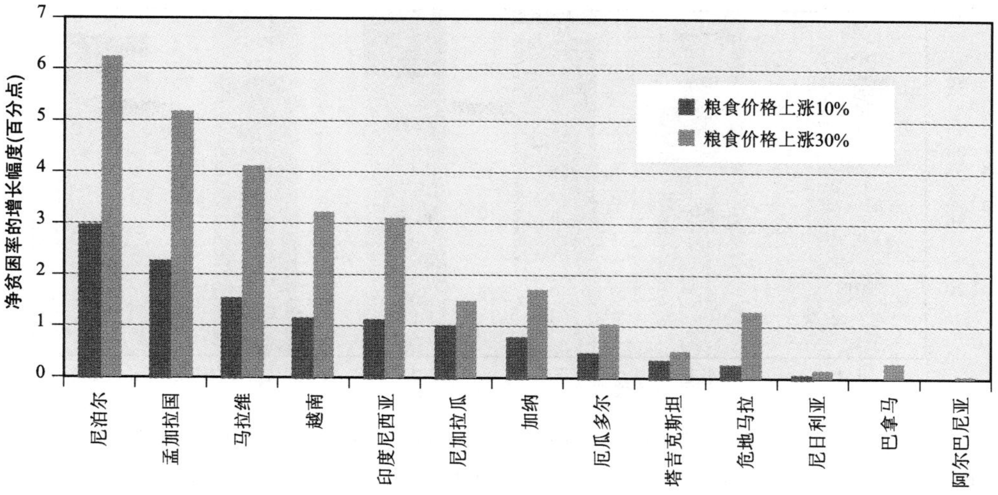

注：贫困线为日收入 1.25 美元。分析中各国使用的相应调查年份如下：阿尔巴尼亚（2005 年）、孟加拉国（2000 年）、厄瓜多尔（2005 年）、加纳（1998 年）、危地马拉（2000 年）、印度尼西亚（2000 年）、马拉维（2004 年）、尼泊尔（2003 年）、尼加拉瓜（2001 年）、尼日利亚（2003 年）、巴拿马（2003 年）、塔吉克斯坦（2003 年）、越南（2002 年）。

资料来源：国际劳工研究所基于联合国粮农组织提供的“农村创收活动”（RIGA）数据库[1] 的计算。

图 4.5　粮食价格上涨对低收入者在就业方面的影响

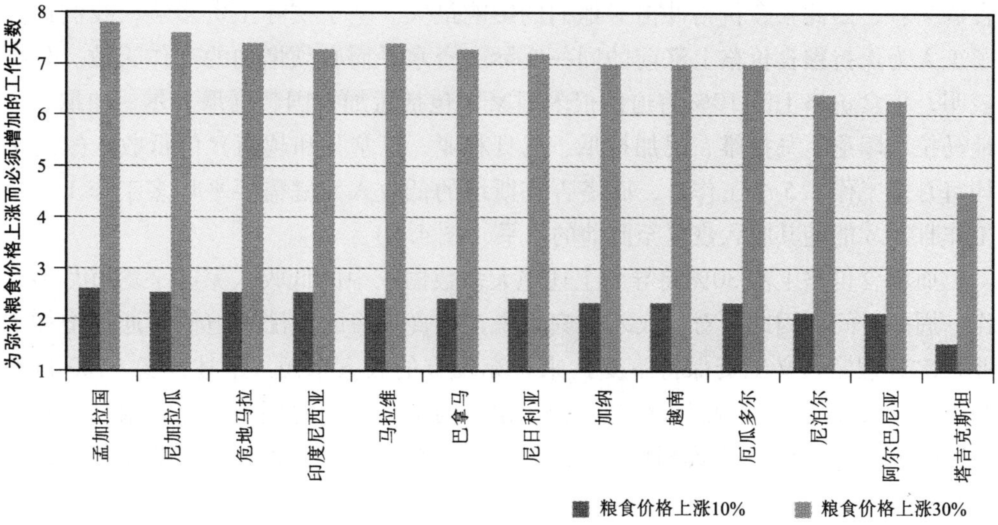

注：分析中各国使用的相应调查年份如下：阿尔巴尼亚（2005 年）、孟加拉国（2000 年）、厄瓜多尔（2005 年）、加纳（1998 年）、危地马拉（2000 年）、印度尼西亚（2000 年）、马拉维（2004 年）、尼泊尔（2003 年）、尼加拉瓜（2001 年）、尼日利亚（2003 年）、巴拿马（2003 年）、塔吉克斯坦（2003 年）、越南（2002 年）。

资料来源：同图 4.4 的资料来源。

1　有关建立 RIGA－L 数据库方法的更详细信息，参见凯诺内斯等人的文章（2009 年）。尽管调查是针对过去 10 年所开展的，但即便将其结果与最近的调查结果相比，也不会存在变动。

图 4.6　主要粮食的五大生产国所占比重，2005 年

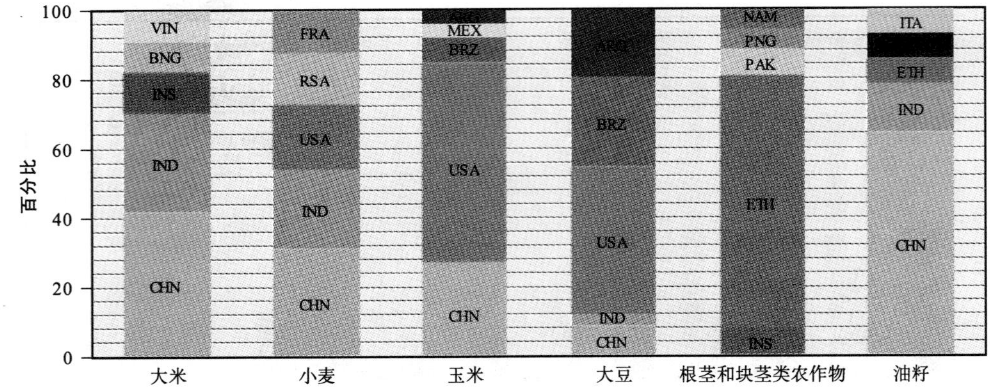

注：ARG：阿根廷；BNG：孟加拉国；BRZ：巴西；CHN：中国；ETH：埃塞俄比亚；FRA：法国；IND：印度；INS：印度尼西亚；ITA：意大利；MEX：墨西哥；MYS：马来西亚；NAM：纳米比亚；PAK：巴基斯坦；PNG：巴布亚新几内亚；RSA：俄罗斯联邦；USA：美国；VTN：越南。

资料来源：国际劳工研究所基于 http：//www. fao. org/es/ess/top/commodity. html 的计算。

低的 1/5 家庭）在劳动力方面的直接影响[1]，估算了粮食价格上涨对劳动力的影响状况。

我们预计，由于在粮食短缺和粮食过剩的国家中的低收入者都是主要的净粮食购买者，因此粮食价格冲击对他们的影响最大。基于实际工资影响，我们计算了工人为保持粮食价格上涨前的同一实际工资水平而必须增加的工作天数。分析表明，粮食价格上涨 10% 将迫使很多国家（包括孟加拉国、厄瓜多尔、加纳、危地马拉、印尼、马拉维、尼加拉瓜、尼日利亚、巴拿马和越南）的低收入家庭平均每月多工作 2. 5 个工作日，而塔吉克斯坦的低收入家庭需要平均多工作 1. 5 个工作日，才能使其收入恢复至此前的水平（图 4. 5）。

而粮食价格上涨 30% 将导致上述绝大多数国家中的低收入家庭平均每月多工作一周的时间。因此，对低收入家庭来说，粮食价格的上涨将迫使其通过增加就业人次（假定名义工资保持不变）来补充现有的收入来源。上述现象在 20 世纪 90 年代末期的越南就曾经发生过，由于出口自由化以及对国内贸易的限制导致大米价格的上涨，结果导致那些净购买大米的家庭童工数量增加（威丁顿，2005 年）。

相比之下，粮食价格上涨的受益者主要是高收入群体……

国际粮食价格的上涨也增加了粮食生产者的收入。巴西、中国、印度和印度尼西亚这些新兴经济体是主要粮食的主要生产国——其中，中国最为特殊，是六

1　其假定条件是没有其他替代效应。

专栏4.1　出口导向型价格扭曲降低了人们对营养丰富食物的获取性

素有“安第斯奇迹谷物”之称的印地安麦（quinoa）作为玻利维亚的主要出口粮食作物之一，增加了该国农民的收入。不过，“（印地安麦）这种在国际市场上的成功，导致其本国市场价格的直线上涨，使得本国绝大部分的人口普遍无法获得这种高营养的传统食物来源”。在面向国际市场出口这种蛋白质丰富的食物的同时，玻利维亚一直获得大量的小麦援助，特别是面粉——2001—2002年间美国向玻利维亚提供了一笔最大的粮食援助。

1998—2001年期间，玻利维亚面向北美和欧洲市场的印地安麦出口量增加了近60%。而在玻利维亚，最适宜在玻利维亚南部种植的优质有机印地安麦（主要的商业品种）的售价可以最高达到大豆售价的五倍，使之成为农民的一项高收入来源。不过，对于玻利维亚这个65%的人口日均生活水平低于2美元的国家来说，开发印地安麦出口市场使其绝大部分的城镇人口购买不起这种食物。

印地安麦以其丰富的营养成分在玻利维亚受到高度的重视，然而其偏高的售价也成为影响贫困人口饮食的最大因素。玻利维亚人指出，面条和面包因为能让“我们填饱肚皮”而成为广泛食用的食物。女性每天从面包中获得的热量为615—1025卡路里，男性为820—1230卡路里，这使得面粉在玻利维亚人的日常热量摄取中占据了高达50%的比重。因此，追求活跃的出口市场的发展政策导致了“这样一种体系，即绝大多数的营养粮食作物从玻利维亚的极度贫困人口转移到了欧美国家的富裕人口，在满足了富裕国家流行风尚的需求同时，导致本国饮食质量的下降。作为交换，玻利维亚人接受的是面粉援助”。

一个可行的政策选项是针对国内的印地安麦市场实施价格控制。尽管此类政策在其他国家（如阿根廷，该国2006年实施了针对牛肉市场的价格控制）并不十分成功，但在玻利维亚，由于食用印地安麦的当地人口并不普遍（而阿根廷的牛肉人均消耗量位居全球第一），因此其对价格失真的影响相对较小。此外，健康饮食带来的长期惠益也可能弥补成本增加造成的影响。

资料来源：布雷特的文章（2010年）。

大主食中五大主食的主要生产国（图4.6）。[1]因此，国际市场上此类主要粮食作物的价格上涨，应对这些国家的粮食生产者带来有利的影响。[2]

尽管上述论点有一定的正确性，但证据表明粮食价格上涨的受益者主要是高收入群体。很多低收入群体——他们从粮食价格上涨中受益很小，但在粮食消费价格上涨方面受到的影响更为显著——往往是粮食价格上涨的净受损失者（表4.1和专栏4.1）。

1　尽管各地区之间的主食存在差异，但大米、玉米和小麦占全球粮食能量摄入总量的60%，是全球40多亿人口的主食。其他粮食作物，如根茎和块茎类作物（木薯和土豆），则是发展中国家10多亿人口的另外一种主食（联合国粮农组织，2011b）。

2　吴和阿克索伊（2008年）认为，很多并非粮食主要出口国的国家仍是农业商品或非粮食商品的净出口国——因此，如果考虑到其他出口商品的价格上涨因素，粮食价格的上涨将产生抵消效应。在这种意义上，他们指出粮食价格上涨对发展中国家的影响被过于夸大。

……对投资农业的优惠措施影响很小。

尽管农业商品价位相对较高，农民投资农业的决定仍主要受价格高波动性的推动。价格波动性增加了对农民的不确定性，影响了收入，使其不愿开展基本的投资来提高农业的生产力和产量。特别是，那些资源匮乏的农民在市场上并没有针对粮食价格的上涨作出反应。例如，在发展中国家，市场供应针对近来谷物价格上涨的响应主要来自于大型商业生产者而非小型农户。2007—2008 年期间，除巴西、中国和印度外，其他发展中国家的谷物产量实际下降了 1.6%，其原因是那些资源匮乏的农民未能针对谷物价格的上涨作出快速的反应（国际农业发展基金会，2011 年）。

除非采取其他方面的措施，否则近期粮食价格的不稳定局面今后将持续下去，其影响因素包括气候变化、投机性活动的增多以及限制性贸易政策限制了发展中国家进入发达经济体市场的市场（波兰斯基，2008 年；联合国环境规划署，2010 年）。

总之，粮食价格的不断上涨已加剧了贫困状况，同时并未提高粮食产量或创造更多的就业机会。

由于绝大多数的贫困人口是主要粮食的净购买者，因此他们受粮食价格上涨的影响最大。此类群体包括城镇贫民、农业工人和非农场的农业工人。小型农户生产的主要粮食往往也不够自身的食用，仅有很少的农民拥有足够的土地和资本来生产可以大量出售的剩余粮食。例如，在孟加拉国，80% 的贫困人口为小型农户，其中绝大部分为粮食的净购买者（吾瑞和萨杜拉特，2008 年）；在莫桑比克，61% 的农户为其重要主要粮食玉米的净购买者（鲍顿等人，2006 年）。表 4.1 进一步证实了相关研究结论，即粮食价格不断上涨对贫困状况和收入分配的影响并不一致，其中净购买者比净出售者受到的不利影响更大，另外贫困增加多于贫困减少的状况。

第二节　导致粮食价格上涨的因素

过去 10 年间，粮食价格的上涨是众多短期因素和长期因素错综复杂的相互作用所造成的结果。粮食价格变化的驱动因素包括气候导致的供应冲击、农业投资不足、生产者转向生物燃料生产、土地被抢占以及商品衍生市场的投机性活动等。

粮食已成为一种金融产品……

投资于商品指数基金的资金额从 2003 年的 130 亿美元飙升至 2008 年 3 月的 1920 亿美元，这表明 2003 年至 2008 年 3 月期间指数基金投机资金增长了 19 倍，商品指数基金的持有量从 2003 年的 50 万个增至 2008 年的接近 250 万个（马斯特斯，2008 年）。2009 年，受商品价格下降的影响，商品指数基金的总投资额微幅走低，降至约 2400 亿美元，但 2011 年 5 月再度增至 3520 亿美元（图 4.7）。

图 4.7　粮食价格和商品市场（10 亿美元）

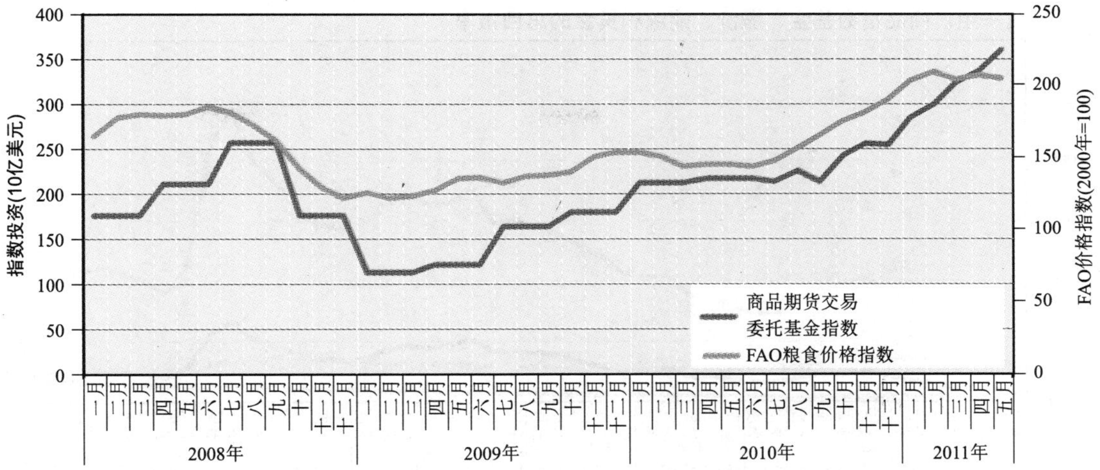

资料来源：国际劳工研究所基于联合国粮农组织和路透社数据库的计算。

表 4.1　粮食价格上涨的总体分配效应

	贫困效应	收入效应
净购买者	**总体消极影响**	**总体消极影响**
城镇地区	玉米价格上涨 10% 导致马拉维的贫困率增长 0.3% [a] 越南的贫困率上升[b]	粮食价格上涨 10% 导致马拉维的人均收入下降 2.6% [a] 粮食价格增长一倍将导致加纳 60% 的人口收入下降 25% [e]
农村无耕地农民	越南的贫困率上升[b]	粮食价格上涨 10% 导致马拉维的人均收入下降 1.2% [a]
农村小型农户	巴基斯坦、马达加斯加、尼加拉瓜和赞比亚的贫困率上升[c] 玉米价格上涨 10% 导致马拉维的贫困率增长 0.5% [a]	粮食价格上涨 10% 导致马拉维的人均收入下降 1.2% [a] 与 2007 年相比，2009 年美国的人均收入下降了 28% [d]
净出售者	**总体积极影响**	**总体积极影响**
农村小型农户	秘鲁和越南的贫困率下降[c] 短期内玉米价格上涨带来了 20% 的收益[a] 越南是粮食价格上涨的最大受益者[b]	

注：[a] 卡尔法卡斯等人的文章（2011 年）。[b] 武和格里威的文章（2011 年）。[c] 万尼奇和马丁的文章（2008 年）。[d] 怀斯的文章（2011 年）。[e] 布林格尔松等人的文章（2009 年）。

图 4.8　商品指数基金的总回报率

第一组：商品指数基金、股价、能源和黄金的总回报率

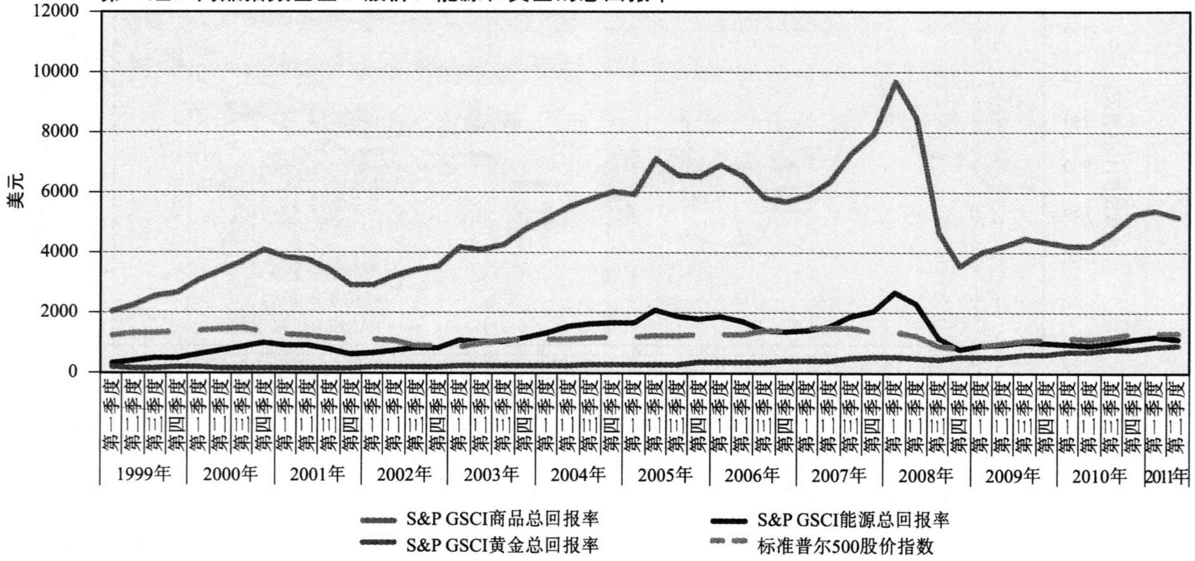

第二组：七大主要投资商商品指数基金总回报率（2010年）

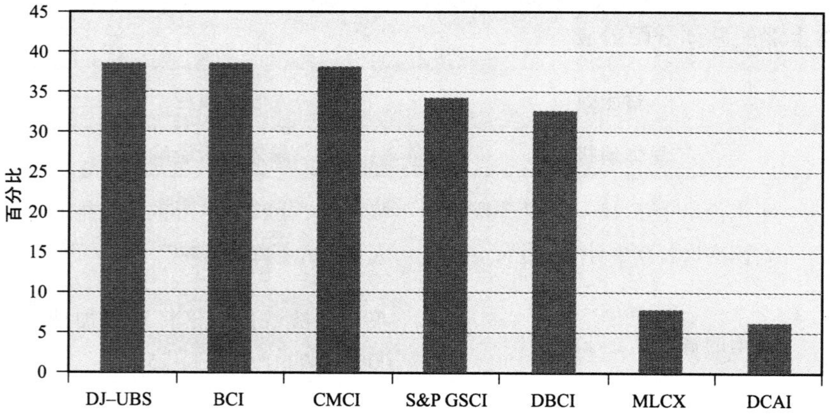

注：DJ－UBS：道琼斯—瑞银商品指数；BCI：巴克莱资本商品指数；CMC：彭博固定期限农业商品指数；S&P GSCI：标准普尔高盛商品指数；DBCI：德意志银行商品指数；MLCX：美林商品指数；DCAI：罗杰斯商品管理农业指数基金。

资料来源：国际劳工研究所基于瑞银、德意志银行基金、美林投资、苏格兰皇家银行、罗杰斯商品管理和路透社数据库的计算。

基于 1999—2011 年期间标准普尔 500 指数中商品指数基金、股价以及能源和黄金市场的表现可以看出，来自商品指数基金的总体回报率稳步上涨，并大大超过了金融投资和其他投资的回报率（图 4.8 第一组）。商品指数基金的总体回报率状况表明，当其他金融工具的投资回报率在金融危机后出现下降时，商品市场对于金融投资者最具吸引力。

部分金融投资商，如美林、道琼斯—瑞银、标普高盛以及德意志银行等，持有 17%—35% 的农产品期约，同时通过购买跨期套利不断滚动延续其仓位。分析显示，2011 年七大主要投资银行商品指数基金（2010 年）的一年期回报率在 6%—38% 之间（图 4.8 第二组）。因此，显而易见，在目前的商品价格环境下，由于商品的短期高收益以及由于商品是投资组合多元化的一种具有吸引力的投资工具，投资者对商品的投资用途不断增加。同时，有部分迹象表明，投机性活动

导致粮食商品期货价格的过度波动，对未来的粮食价格发出了失真的信号（联合国粮农组织，2010 年）。不过，特别令人不安的情况在于很多大型投资银行针对商品进行价格预测，如果这些预测兑现，他们就将从中受益。因此，这些投资银行扮演着市场参与者和推动者的双重角色。

……在某些情况下，这大大增加了价格的波动性。

越来越多的证据表明，商品市场的金融投机是粮食价格不断上涨及其波动性不断加剧的一个推动因素。[1] 金融市场的投机由来已久，购买农业产品期约也一直是少量交易商为稳定期货价格和使农民能够为其未来的农作物生产进行融资的一种方式（佩斯等人，2008 年）。不过，这一情况发生了变化。自 2000 年以来，通过指数基金进入商品市场的金融投资者数量不断增长（乔德瑞，2011 年），这是由于商品市场相对更高的预期投资回报率以及与其他期权（如股票或债券）的负相关作用。这使得投资商品市场成为对非商品投资者更有吸引力的一种投资方式（海璐和沃森克，2010 年）。投资商品市场还可起到防止通胀的作用。

指数基金投资者在商品市场中的参与度加大，这反映了一个重大的结构性转变，同时也引发了决策者和学术界对金融投机作用的广泛争论。此类投机性投资的问题在于，贸易已与市场的供需基本面脱钩，相反，贸易主要受金融市场的其他因素，特别是利润驱动的影响。

部分研究显示，大量的指数基金投资者和新资金涌入商品期货市场已导致商品价格的泡沫现象（海璐和沃森克，2010 年；戈什，2010 年；瓦尔，2009 年）。不过，其他一些研究结果在某种程度上提出了反驳。这些研究结果发现，指数基金的投资和商品价格的变动之间没有联系；没有具有说服力的证据表明，指数基金投资和粮食价格之间存在联系，不存在所谓的长期回归效应（欧文和桑德斯，2010 年）。不过，基于近期对商品市场参与者的调查结果，联合国贸发会（UNCTAD，2011a）发现，近年来金融投资者的作用愈加重要，这些投资者可能导致商品价格的短期波动。

农业投资的不足

很多研究和报告已提出了有关农业公共产品投资不足的问题（世界银行，2008a；联合国粮农组织，2009 年）。数据显示，1980—2005 年期间，官方对农业的发展援助按实值计算下降了近一半（卡布拉尔，2007 年）。该数据从 20 世纪 80 年代初的 17% 左右降至 2005 年的大约 3%。尽管自 2001 年“蒙特雷大会”[2] 召开后，农业发展援助按实值计算年增长率达到 4%，但仍存在很大的援助缺口。

---

1 最近有关该领域的研究结果参见乔德瑞的文章（2011 年）；佐摩的文章（2011 年）；戈什的文章（2010 年）；瓦尔的文章（2009 年）。

2 联合国主办的探讨有关金融和发展主要问题的首次会议于 2002 年 3 月在墨西哥蒙特雷举行。此次会议的目的在于探讨援助的有效性以及加大援助的方法。会上，国际社会一致认为应加大对发展的资金援助，不过同时承认，仅有援助并不够，各国政府还必须针对实现发展目标作出更多的承诺。

很多发展中国家的农业公共支出同样降低，即便在那些公共投资回报率很高的领域（如农业研发领域）也是如此。根据凡和瑟尔卡（2006年）基于对44个发展中国家的研究结果显示，农业支出在这些国家政府总支出中的比重从1980年的11%降至2002年的大约7%。

20世纪80年代和90年代，很多发展中国家农业推广了结构性调整贷款，旨在取消农业投入和产出补贴，紧缩农业机构编制。部分研究人员认为，国际货币基金组织和世界银行在很多发展中国家开展的计划导致这些国家政府农业支出的下降（阿克若伊德和史密斯，2007年）。巴维利亚和贝罗（2009年）发现，20世纪80年代撒哈拉以南非洲地区的农业产能出现了下降，其原因是这些国家的政府被迫完全取消那些精心设计的公共机构体系，这些公共机构体系为农民提供土地、信贷、保险和合作组织机构的支持。

有证据显示，政府增加农业支出或援助，可以推动农业的发展和减轻农村地区的贫困状况。[1]

土地抢占和外资购买农业用地

过去20年间，农业公共投资和官方发展援助出现了下降。然而在过去10年里，外国农业私人投资出现了增长。在很多欠发达国家，这类投资主要是以面向资源丰富国家的土地租赁和土地转让的形式开展的。2004—2009年期间，外资购买土地的比例从0.8%（马里）到2.3%（马达加斯加[2]）不等（科图拉等人，2009年）。从全球范围看，自2000年以来，租赁或转让的土地面积约为1500万—2000万公顷[3]（粮食安全与营养高级别专家组，2011年）。土地交易涉及各种层次，包括各国政府、外国政府、私人投资者和跨国企业。部分人将这些大型投资誉为经济增长的新引擎，具有增加面向农业和农村发展的资本流的潜力。不过，这些投资对小型农户、粮食生产（及其国内对粮食的可获取性）以及就业方面的负面影响仍不清楚（格雷厄姆等人，2011年）。

粮食安全与营养高级别专家组[4]（HLPE，2011年）最近的一份报告认为，这些投资涉及错综复杂、相互联系的全球利益体系，包括直接和间接利益。直接参与方包括那些计划种植粮食作物和生产动物饲料的企业，而间接参与方（如养老基金管理公司、房地产开发集团和金融资本）将土地视为其总体投资组合中的新增资产。不过，很难提供有关这些土地投资有多少是“投机性”投资的证据或者对之进行估算。非洲地区的土地租赁和土地转让似乎是由商品高价格、粮食安全问题和生物燃料生产等诱发的，而在拉丁美洲和加勒比地区，其推动因素主要是对自然资源的需求（联合国粮农组织，2009年；粮食安全与营养高级别专家组，2011年）。

---

1 有关部分国家的案例，可参见凡等人的文章（2007年）。

2 基于对那些参与大规模土地投资地区的国内系统调查数据。

3 由于部分土地交易并未兑现或者被收回，该数据可能有些高估。

4 联合国世界粮食安全委员会（CFS）成立了粮食安全与营养高级别专家组，以便为政策制定者提供科学可靠和基于知识的咨询建议。

那些与很多亚洲和非洲地区的各国政府接洽购买土地的私人投资者往往很快接受这些交易，这是因为这些土地交易可以利用外资来建设基础设施和改善现有的设施，但这些资源的有效利用程度仍不清楚。土地管理法律薄弱的国家也有这方面的投资（粮食安全与营养高级别专家组，2011 年）。对发展中国家农业的国际投资主要集中于几个国家，如沙特、海湾国家、部分亚洲国家（中国、印度和韩国）以及英国，其主要目的是维持其粮食供应安全（科图拉等人，2009 年），或者用于生产生物燃料。值得注意的是，与投资对象所在国相比，上述所有这些国家的粮食安全性都相对更高。部分地区性集团似乎对这些投资也具有影响力，比如欧盟通过有关生物燃料的法令来促进投资（该法令要求，到 2020 年前，其交通运输行业使用的生物燃料比重必须达到 10%）（粮食安全与营养高级别专家组，2011 年）。

第三节　政策挑战与未来之路

农业投资不足以及土地占用数量的不断增加（用于生物燃料、经济作物或跨国投资）是导致粮食安全问题的主要原因。一方面，粮食安全问题至关重要；另一方面，必须应对商品市场金融化不断加剧所导致的粮食价格过度波动的问题。该问题近来成为 20 国集团讨论的核心议题。在非洲和亚洲的一系列地区性部长级会议之后，20 国集团的农业部长于 2011 年 6 月召开了首届会议。20 国集团的农业部长一致同意为小型农户和女性农民以及促进长期投资和生产力的提高提供支持，但将金融问题留给了 2011 年 11 月在法国戛纳举行的 20 国集团财长会议。在戛纳会议期间，国际证券事务监察委员会组织将对影响短期价格波动的主要问题进行研究和报告。

基于纯粹的金融动机解决商品交易问题

在短期内，必须通过加强对期货市场和场外交易的监管，减少粮食商品的投机性活动。此外，增强与农业信息以及交易商及其交易量信息有关的透明度，将有助于限制风险承担，改善监管以及商品市场总体效率。

必须增强市场监管，才能发现交易中的不规范现象，减小价格的波动性。当然，必须保持管制和市场自由化之间的平衡。不过，目前市场过于偏向自由化，并未基于供求原则发挥作用。这损害了有利于交易效率的对冲功能（联合国贸发会，2011b）。

为改善市场的管制功能，可采取众多建议措施。首先，可以针对商品交易商实行仓位限制。目前，美国和欧盟正在研究此类限制。如何无论，一个临时性的解决方案可以是引入一个仓位管理体系，在该体系中，一旦交易商达到预先设定的限额，在采取进一步的行动之前必须提供更多的信息（联合国贸发会，2011b；奇尔顿，2011 年）。在受到外部冲击期间，这一点可能尤其有用。外部冲击，如能源或汇率冲击，已表明会对商品价格的波动产生影响。此外，为了减小过度的风险承担，可以引入一个渐进式税收体系。按照该税收体系，当商品价格的变动超过某个特定的区间时，利润税率也将随之提高。

专栏 4.2　印度对商品投机活动的管制

在考虑如何最佳地制定旨在降低小麦价格波动性的政策过程中，印度政府使用禁止期货交易和不禁止期货交易情况下小麦价格的历史性数据，分析了商品投机与国内小麦价格变动之间的相互关系（达斯古普塔等人，2011 年）。印度政府发现，“禁止小麦期货交易降低了国内小麦的价格，导致国际市场和国内市场的小麦价格出现了背离，因此必须使用管制机制来更好地监管国内商品期货市场，甚至在全球商品和小麦价格居高不下或波动较大时完全取缔国内商品期货市场。”

上述研究结果使印度政府最终认为，必须对国内小麦商品期货市场进行更为严厉的管制（甚至在国际小麦价格过高时取缔国内商品期货市场），降低对完全取缔出口的依赖程度，出口禁令一直被视为一个效果不佳，乃至无效的实施工具。因此，印度政府自粮食危机爆发后便一直对商品期货市场实行取缔政策。

其二，可以采取完全取缔商品市场投机活动的措施，这在某些地方已开始实施（参见专栏 4.2）。事实上，戈什（2010 年）认为，“要解决世界粮食危机问题，必须针对金融活动实施控制，确保粮食领域不会成为全球和各国的投机领域。这些控制措施应包括对金融参与者进入商品期货市场设定极其严格的限制（甚至取缔）。”在取缔商品市场的投机活动后，还有其他一些商品市场的替代措施可以保持农民未来收入流的稳定性，确保粮食安全性。这些替代措施包括农民互助保险以及国家保障价格等。

其三，提高农业数据的时效性、可靠性和协调性。目前，这些数据来源于多种渠道。提高透明度将有助于降低对大型投资银行价格预测的依赖性。通常，由于绝大多数可获取的未披露数据是指私人持有的股份，这些大型银行的价格预测往往在市场预测结果中拥有既得利益。最近，20 国集团农业部长提议建立一个基于联合国粮农组织的“农业市场信息系统”（AMIS），鼓励主要的农业食品参与方，如美国阿彻丹尼尔斯米德兰公司、邦吉、嘉吉以及路易达孚集团（这几家公司的贸易量占全球粮食贸易总量的 75%—90%），共享数据和促进合作。该提议是一个受人欢迎的举措（莫菲，2011 年）。不过，AMIS 系统可能难以产生足够深远的影响——建立此类体系的必要性凸显了国际市场无法发挥作用和需要实施进一步管制的事实。

由于投机性活动对发展中国家数百万人的生计造成了严重影响，因此必须制定针对金融商品价格波动性的新法规。

通过加大农业投资和提高农业生产力来应对供应端的限制性因素

同时，各国政府还可以采取一些重大的国内措施来稳定商品价格，如建立商品储备。拥有用于应急的储备一直是一个饱受争议的政策举措，但那些拥有大规模商品储备的国家，如中国和印度，得以成功地减缓了商品价格飙升带来的影响（戈什，2010 年）。粮食储备的运作方式可以与战略石油储备类似，可用于维护粮食安全性和为市场提供信号。

不过，从中长期来看，必须通过提高粮食作物对经济作物（包括生物燃料）的比率以及通过增加农业投资和提高农业生产力，来应对忽视农业的问题。这样不仅有助于提高粮食安全性，还将有助于提高农业工资，促进急需的就业增长。此外，过去10年间，土地占用（用于生物燃料、经济作物或跨国投资）的数量不断增加，这要求采取一种坚决的政策取向，以确保在那些现已存在粮食不安全性的国家其粮食不安全的问题不会进一步加剧。在国际劳工组织2011年3月召开的理事会会议上，在农村发展中开展有效投资，以减轻贫困、提高粮食安全和促进就业增长的问题也成为讨论议题之一（国际劳工组织，2011年）。

那些旨在减轻贫困和解决粮食不安全性问题以及促进人们收入和生计平等和可持续发展的政策和计划，必须努力实现以农业为主导的全面经济发展。要达成这一目标，必须首先重视小型农户的发展，这是因为小型农户对于农业和农村经济的发展具有至关重要的作用。此外，由于农业的发展在很多地区不断萎缩，必须增加对农业的投资，并推广灌溉技术。

在推广灌溉技术以及维护现有的灌溉设施方面开展投资，对于确保粮食安全以及为农村地区的贫困和低收入农户创造生产性就业机会至关重要。除了为减小价格扭曲现象以及应对水资源匮乏和气候变化所做的努力外，政府还必须为农民从非粮食作物生产转向粮食作物生产以及提高生产力方面提供激励措施。例如，小型农户往往没有更多的选择，只能参与到生产者和消费者之间的多层无效市场中。

当前，大型私营农业企业和跨国企业与小型农户合作开展粮食生产的发展趋势日益加大。这种伙伴关系可以向小型农户提供相应的技术、信贷和专业知识的支持，帮助他们提高收入，不过在力量均衡方面往往偏向于大型企业。小型农户往往缺乏在进行集体协商或社会对话时必需的力量和组织机构。因此，必须努力提高这些小型农户的协商能力，或者对他们开展能力建设，使其能够在国际农业市场风险和机遇不断加大的背景下更好地进行自我管理。

对土地的不公平利用也已对小型农户的收入造成了影响，过去10年间撒哈拉以南非洲地区土地占用和土地转让已对该地区的小型农户造成了更大的压力。研究人员发现，在危地马拉，政府为那些很少或者没有土地以及没有农场外就业机会的受益人提供的土地利用计划，对于短期内的减贫工作非常重要（班德拉和桑普西，2009年）。而在莫桑比克的农村地区，所拥有土地面积的增加以及同时增加劳动力、化肥和牲畜耕地等投入，有助于减轻贫困（昆古拉，2008年）。由于这些国家的土地管理法律往往非常薄弱，因此必须增强对这些国家政府和当地社区的法律和技术咨询服务（粮食安全与营养高级别专家组，2011年）。

提供精心设计的社会保障

近年来的国际粮食价格冲击已实际导致接近10亿人面临饥饿问题，每年有超过350万儿童死于营养不良（联合国粮农组织，2010年）。因此，除了应对一些短期和长期市场问题外，还必须重点为贫困和弱势人群提供直接援助。在此方面，扩大社会保障以及援助计划的覆盖网络至关重要。旨在缓解贫困以及减轻粮食价格上涨和冲击在短期内的营养效应的一个可行对策是，针对贫困妇女和儿童提供现金转移支付以及微量营养素补充援助。

同时，这些计划相对具有成本效益比，有助于降低贫困家庭的风险，这些风险包括出售生产性资产来换取粮食的风险，中断其子女教育的风险以及更为重要的减少其粮食消耗的风险。在此方面，社会转移支付可以在应对粮食不安全的影响方面发挥重要作用。例如，为了加强针对很多弱势群体的社会保障计划，柬埔寨建立了“全国紧急粮食援助工作组”，提供补偿性消费支持，包括为部分贫困家庭以及那些参加“以工代赈”（food-for-work）计划的家庭免费提供粮食（亚洲开发银行，2008b）。为了鼓励来自贫困家庭的儿童在粮食危机期间继续上学，同时阻止童工现象的发生，巴西、布基纳法索、佛得角共和国、中国、洪都拉斯、肯尼亚、墨西哥、莫桑比克和菲律宾等国实施了学校供餐计划（世界银行，2008b）。

发给贫民的粮票或代金券等支持计划也有助于支持贫困人口的粮食消费，同时满足他们对粮食的紧迫需求，特别是在粮食危机期间。不过，尽管粮食补贴有助于在短期内缓解社会动荡的局面，但其成本效益比相对较低。因此，在危机期间，最低社会保障可以在为弱势群体和家庭提供基本收入保障方面发挥极其重要的作用。同时，必须采取措施确保面向所有工人实施最低工资水平政策，并且确保随着粮食价格的变动对最低工资水平进行调整。

确保全球对粮食安全的承诺

由于人们对农业投资不足问题的关注，在过去10年间很多捐赠方作出了加大对发展中国家援助的大量承诺。[1]然而，似乎很少有捐赠方真正兑现了其加大援助的承诺（经合组织，2008年）。此外，各国政府在2009年在罗马L’Aquila重新作出了确保全球粮食安全的承诺。承诺书中明确指出，粮食安全与经济增长和社会进步密切相关。在承诺书中人们认识到，现有的粮食危机主要是由于对农业投资长期不足所导致的，这种状况不仅将增加贫困饥饿人口的数量，还将危及联合国千年发展目标的实现进度。

国际劳工组织自2009年6月以来一直是联合国关于全球粮食安全危机高层专门工作组的成员单位，其重要任务之一就是推动和协调为应对有关实现粮食安全挑战的综合对策，作为其“体面工作议程”的一部分。国际劳工组织在2011年11月召开的第312次理事会会议的主要议题之一就是如何推进该项议程的实施。

1 在非洲莫桑比克首都马普托作出的“非洲农业综合发展计划”（CAADP）；联合国千年发展目标；2005年在英国格伦伊格尔斯举行的八国集团首脑会议上的承诺。

参考文献

Ackah, C.; Bussolo, M.; de Hoyos, R.; Medvedev, D. 2008. *A new dataset on global income distribution*, Development Prospects Group (Washington, DC, World Bank).

Akroyd, S.; Smith, L. 2007. *Review of public spending to agriculture*, A joint DFID/World Bank study, Oxford Policy Management. Available at: http://www1.worldbank.org/publicsector/pe/pfma07/OPMReview.pdf [30 Sep. 2011].

Asian Development Bank (ADB). 2008a. *Soaring food prices: Response to the crisis* (Manila).

—. 2008b. *Protecting Cambodia's most vulnerable from food crisis*, Social Protection Project Briefs (Manila).

—. 2011. *Global food prices inflation and developing Asia*, March (Manila).

Bandeira, P.; Sumpsi, J.M. 2009. *Access to land and rural poverty in developing countries: Theory and evidence from Guatemala*, MPRA Paper, No. 13365. Available at: http://mpra.ub.uni-muenchen.de/13365/ [30 Sep. 2011].

Barrett, C.; Bellemare, M. 2011. "Why food price volatility doesn't matter", in *Foreign Affairs*, 12 Jul. Available at: http://www.foreignaffairs.com.

Baviera, M.; Bello, W. 2009. "Food wars", in *Monthly Review*, Vol. 61, No. 3, pp. 17–31.

Boughton, D.; Mather, D.; Tschirley, D.; Walker, T.; Cunguara, B.; Payongayong, E. 2006. *Changes in rural household income patterns in Mozambique 1996–2002 and implications for agriculture's contribution to poverty reduction*, Research Report, No. 61E, Ministry of Agriculture, Mozambique. Available at: http://www.aec.msu.edu/fs2/mozambique/wps61e.pdf [30 Sep. 2011].

Brett, J.A. 2010. "The political-economics of developing markets versus satisfying food needs", in *Food and Foodways*, Vol. 18, No. 1–2, pp. 28–42.

Bryngelsson, D.K.; Ahlen, A.; Azar, C.; Persson, U.P. 2009. The effect of food-price movements in African households – An investigation of food production and consumption patterns in four African countries. Preprint submitted to *Food Policy*.

Cabral, L. 2007. *Funding agriculture: Not 'how much?' but 'what for?'*, Opinion Paper, October (London, Overseas development Institute). Available at: http://www.odi.org.uk/resources/download/530.pdf [30 Sep. 2011].

Cecchetti, S.; Moessner, R. 2008. "Commodity prices and inflation dynamics", in *Bank for International Settlement (BIS) Quarterly Review*, Dec., pp. 55–66.

Chilton, B. 2011. *Statement regarding position limits and interim position points*, US Commodity Futures Trading Commission, 4 Jan. Available at: http://www.cftc.gov/PressRoom/SpeechesTestimony/chiltonstatement010411.html [30 Sep. 2011].

Chowdhury, A. 2011. "Food price hikes: How much is due to excessive speculation", in *Economic and Political Weekly*, Vol. 46, No. 28, pp. 12–16.

Cohen, M.J.; Garett, J.L. 2009. *The food price crisis and urban food (in)security*, Human Settlements Working Paper Series, Urbanization and Emerging Population Issues No. 2 (London, International Institute for Environment and Development; New York, United Nations Population Fund).

Cotula, L.; Vermeulen, S.; Leonard, R.; Keeley, J. 2009. *Land grab or development opportunity? Agricultural investment and international land deals in Africa* (London, International Institute for Environment and Development; Rome, FAO/IFAD).

Cunguara, B.A. 2008. *Pathways out of poverty in rural Mozambique*, thesis submitted to Michigan State University, Department of Agriculture Food and Resource Economics (East Lansing, MI, Michigan State University).

Dasgupta, D.; Dubey, R.N.; Sathish, R. 2011. *Domestic wheat price formation and food inflation in India: International prices, domestic drivers (stocks, weather, public policy), and the efficacy of public policy interventions in wheat markets*, Department of Economic Affairs, Working Paper, No. 2/2011-DEA, May (Ministry of Finance, Government of India).

Dawe, D. 2008. *Have recent increases in international cereal prices been transmitted to domestic economies? The experience in seven large Asian countries*, ESA Working Paper, No. 08-03 (Rome, FAO).

De Hoyos, R.E.; Medvedev, D. 2008. *Poverty effects of higher food prices: A global perspective*, mimeo (Washington, DC, World Bank).

Fan, S.; Brzeska, J.; Shields, G. 2007. *Investment priorities for economic growth and poverty reduction*. 2020 Focus Brief on the World's Poor and Hungry People (Washington, DC, IFPRI).

Fan, S.; Saurkar, A. 2006. *Public spending in developing countries: Trends, determination and impact*, mimeo.

Food and Agricultural Organization (FAO). 2009. *The state of agricultural commodity markets: High food prices and the food crisis – experience and lessons learned* (Rome). Available at: http://ftp.fao.org/docrep/fao/012/i0854e/i0854e.pdf [30 Sep. 2011].

—. 2010. *Price surges in food markets: How should organized futures markets be regulated?*, Policy Brief, No. 9 (Rome).

—. 2011a. *Food Outlook: Global Market Analysis*. June 2011. Available at: http://www.fao.org/docrep/014/al978e/al978e00.pdf.

—. 2011b. *Dimensions of need: An atlas of food and agriculture* (Rome). Available at: http://www.fao.org/docrep/u8480e/u8480e07.htm [30 Sep. 2011].

Ghosh, J. 2010. "The unnatural coupling: Food and global finance", in *Journal of Agrarian Change*, Vol. 10, No. 1, pp. 72–86.

Gilbert, C.L. 2009. *Speculative influences on commodity futures prices, 2006–2008*, Working Paper, Department of Economics (University of Trento).

Glassman, A. 2011. *Food prices, health and nutrition: Focus on the poor now!*, CGD Policy Blogs (Washington, DC, Center for Global Development). Available at: http://blogs.cgdev.org/globalhealth/2011/02/food-prices-health-and-nutrition-focus-on-the-poor-now.php [30 Sep. 2011].

Graham, A.; Aubry, S.; Künnemann, R.; Monsalve Suárez, S. 2011. *The role of the EU in land grabbing in Africa – CSO Monitoring 2009–2010 "Advancing African Agriculture" (AAA): The impact of Europe's policies and practices on African agriculture and food security*, paper presented at the International Conference on Global Land Grabbing, Land Deals Politics Initiative, University of Sussex, Brighton, 6-8 April.

Hailu, G.; Weersink, A. 2010. *Commodity price volatility: The impact of commodity index traders*, Canadian Agricultural Trade Policy and Competitiveness Research Network, Commissioned Paper 2010–02, Oct. Available at: http://www.uoguelph.ca/catprn/PDF-CP/Commissioned_Paper_2010-2_Hailu+Weersink.pdf [30 Sep. 2011].

Headey, D.; Fan, S. 2009. *Reflections on the global food crisis: How did it happen? How has it hurt? And how can we prevent the next one?* (Washington, DC, IFPRI).

High Level Panel of Experts (HLPE). 2011. *Land tenure and international investments in agriculture*, A Report by the High Level Panel of Experts on Food Security and Nutrition of the Committee on World Food Security (Rome). Available at: http://www.fao.org/fileadmin/user_upload/hlpe/hlpe_documents/HLPE-Land-tenure-and-international-investments-in-agriculture-2011.pdf [30 Sep. 2011].

Hossain, N.; Green, D. 2011. *Living on a spike: How is the 2011 food price crisis affecting poor people?*, Oxfam Research Report (Institute of Development Studies/Oxfam).

International Fund for Agricultural Development (IFAD). 2011. *Governing Council roundtables: Smallholder agriculture and food security in the twenty-first century*. Available at: http://www.ifad.org/events/gc/32/roundtables/index.htm [10 Oct. 2011].

International Labour Organization (ILO). 2011. *Unleashing rural development through productive employment and decent work: Building on 40 years of ILO work in rural areas*, Governing Body, 310th Session, Geneva, Mar. 2011, Committee on Employment and Social Policy, GB.310/ESP/1.

International Monetary Fund (IMF). 2008. "IMF closely involved in drive to relieve global food crisis", in *IMF Survey Magazine*, Interview, 13 May (Washington, DC). Available at: http://www.imf.org/external/pubs/ft/survey/so/2008/int051308a.htm [30 Sep. 2011].

—. 2011. "Rising prices on the menu: Higher food prices may be here to stay", in *Finance & Development*, Vol. 48, No. 1. Available at: http://www.imf.org/external/pubs/ft/fandd/2011/03/helbling.htm [10 Oct. 2011].

Irwin, S.H.; Sanders, D.R. 2010. *The impact of index and swap funds on commodity futures markets: Preliminary results*, OECD Food, Agriculture and Fisheries Working Papers, No. 27 (Paris, Organisation for Economic Co-operation and Development). Available at: http://www.oecd.org/dataoecd/16/59/45534528.pdf [30 Sep. 2011].

Ivanic, M.; Martin, W. 2008. *Implications of higher global food prices for poverty in low income countries*, Policy Research Working Paper, No. 4594 (Washington, DC, World Bank).

Janvry, A.; Sadoulet, E. 2008. "The global food crisis: Identification of the vulnerable and policy responses", in *Agriculture and Resource Economics Update*, Vol. 12, No. 2, pp. 18–21.

Jomo, S. 2011. "Global food price increases and volatility", in *Economic and Political Weekly*, Vol. 46, No. 22, pp. 20–23.

Karfakis, P.; Velazco, J.; Moreno, E.; Covarrubias, E. 2011. *Impact of increasing prices of agricultural commodities on poverty*, Agriculture Development Economics Division, ESA Working Paper, No. 11-14, March (Rome, FAO).

Lora, E.; Powell, A.; Tavella, P. 2011. *How Will the Food Price Shock Affect Inflation in Latin America and the Caribbean?*, Department of Research and Chief Economist, Policy brief, No. IDB-PB-120 (Washington, DC, Inter-American Development Bank (IDB)). Available at: http://idbdocs.iadb.org/wsdocs/getdocument.aspx?docnum=36144620 [30 Sep. 2011].

Masters, M.W. 2008. *Testimony before the Committee on Homeland Security and Government Affairs*, U.S. Senate. Available at: http://hsgac.senate.gov/public/_files/052008Masters.pdf [30 Sep. 2011].

Murphy, S. 2011. "G20 Agriculture Ministers Meet in Paris with Little Result", in *Heinrich Boll Stiftung* [The Green Political Foundation], July 12. Available at: http://www.boell.de/intlpolitics/energy/resource-governance-g20-agriculture-ministers-meeting-2011-analysis-12580.html [30 Sep. 2011].

Ng, F.; Aksoy, M. 2008. *Who Are the Net Food Importing Countries?*, Policy Research Working Paper, No. 4457 (Washington, DC, World Bank).

Organisation for Economic Co-operation and Development (OECD). 2008. *Debt relief is down: Other ODA rises slightly*, 4 Apr. (Paris). Available at: http://www.oecd.org/document/8/0,3343,en_2649_201185_40381960_1_1_1_1,00.html [30 Sep. 2011].

—. 2010. *Measuring aid to agriculture* (Paris). Available at: http://www.oecd.org/dataoecd/54/38/44116307.pdf [30 Sep. 2011].

Ortiz, I.; Chai, J.; Cummins, M. 2011. *Escalating food prices: The threat to poor households and policies to safeguard a recovery for all*, Social and Economic Policy Working Paper, Feb. (New York, UNICEF). Available at: http://www.unicef.org/socialpolicy/files/Escalating_Food_Prices.pdf [30 Sep. 2011].

Pace, N.; Seal, A.; Costello, A. 2008. "Has financial speculation in food commodity markets increased food prices?", in *Field Exchange*, No. 34, Oct., pp. 28–29. Available at: http://fex.ennonline.net/34/has.aspx [30 Sep. 2011].

Polaski, S. 2008. *Rising Food Prices, Poverty, and the Doha Round*, Policy Outlook, May (Washington, DC, Carnegie Endowment for International Peace). Available at: http://www.carnegieendowment.org/files/polaski__food_prices.pdf [30 Sep. 2011].

Quinones, E.J.; de la O-Campos, A.P.; Rodriguez-Alas, C.; Hertz, T.; Winters, P. 2009. *Methodology for creating RIGA-L database*, paper prepared for the Rural Income Generating Activities (RIGA) Project, Agricultural Development Economics Division (Rome, FAO).

United Nations Conference on Trade and Development (UNCTAD). 2011a. *World Investment Report* (Geneva).

—. 2011b. *Price formation in financialized commodity markets: The role of information* (Geneva).

United Nations Environmental Programme (UNEP). 2010. *From supply to food security.* Grid-Arendal Rapid Response Assessment. Available at: http://www.grida.no/publications/rr/food-crisis/page/3570.aspx [10 Oct. 2011].

Vu, L.; Glewwe, P. 2011. "Impacts of rising food prices on poverty and welfare in Vietnam", in *Journal of Agricultural and Resource Economics*, Vol. 36, No. 1, pp. 14–27.

Waddington, H. 2005. *Linking economic policy to childhood poverty: A review of evidence on growth, trade reform and macroeconomic policy*, CHIP Report, No. 7 (London, Childhood Poverty Research and Policy Centre). Available at: http://www.dfid.gov.uk/r4d/PDF/Outputs/ChildhoodPoverty/Hugh_final_pdf.pdf [30 Sep. 2011].

Wahl, P. 2009. *Food speculation: The main factor of the price bubble in 2008*, Briefing Paper (Berlin, World Economy, Ecology and Development). Available at: http://www2.weed-online.org/uploads/weed_food_speculation.pdf [30 Sep. 2011].

Wise, T.A. 2011. *Still waiting for the farm boom: Family farmers worse off despite high prices*, Global Development and Environment Institute, Policy Brief, No. 11-01 (Medford, MA, Tufts University).

World Bank. 2008a. *World development report: Agriculture for development* (Washington, DC).

—. 2008b. *Rising food prices: Policy options and World Bank response* (Washington, DC).

—. 2011. *Food Price Watch* (Washington, DC).

第五章
进行税收改革，以促进就业复苏和社会公平[1]

主要研究成果

- 鉴于公众的注意力已从财政刺激转向财政整顿，本章的目的是概述政府提高收入的措施，各国政府可以采取这些措施来减少债务，同时为有利于就业的计划留出空间，并且实现更为公平的增长模式。在全球危机后，政府支出的增加以及收入的下降，使得2009年发达国家的财政赤字增至GDP的5.2%，发展中国家增至3.7%。此外，各国的税收体系的累进性减小，从而对实体投资和就业相比其他经济活动（如金融收入或房地产）带来了更大的负担。
- 本章的结论认为，在过去10年间，发达国家和发展中国家的税收体系都发生了显著的变化。尤其是自全球危机以来，各国政府越来越依赖于通过间接税收和社会保障缴款来创造收入。这给贫困家庭和工人带来了更大的负担，同时，至少在过去10年间最高个人所得税和企业所得税率出现了不断下降的趋势：
  - 2000—2008年期间，43%的国家降低了最高所得税率；同一时期，70%的国家降低了企业所得税率。
  - 2000—2008年期间，30%的国家增加了增值税。
- 分析确认，必须通过考虑更多的创新方案来提高税收收入，以便为有利于就业的计划提供融资。财产税和环境税等税种如果得到合理的设计，将有助于使收入重新转向工薪阶层，同时不会对企业的生产力基础造成负面影响；金融交易和金融活动税可以有助于遏制部分导致市场波动的过度风险承担，特别是在商品市场（参见第四章）。

---

1 塞巴斯蒂安·冯特内和安娜·阿金什那提供了出色的研究协助。

- 不过，要改善合规性，降低逃税和避税的风险，必须开展国际合作。逃税导致的非法资本流量估计每年在新兴国家约为7000亿美元，在欧洲约为3550亿美元。预计该问题将在20国集团机制中得到应对。

引言

此前的几章强调必须建立有利于就业的计划和政策，以便增加生产性投资（第二章），包括在农村地区（第四章），并推动更为有效公平的工资体系（第三章）。为应对全球经济的根本结构性问题，同时满足支持经济复苏和避免全球经济再度陷入衰退的迫切需求，这些财政措施非常重要。不过，由于很多国家的债务水平接近不可持续的水平，部分国家的政府为抑制财政赤字不断减少其财政支出。人们担心，这种状况可能会严重影响本已脆弱和不均衡的全球复苏状况（如第一章所阐述），并使中期的经济增长和体面工作前景趋于黯淡。这种情形在发达经济体和新兴经济体中均是如此。

因此，必须合理地体现出如何将有利于就业计划的支出与中期财政整顿计划联系在一起。本章的目的在于对政府创收措施进行概述，政府可以采纳这些措施来支持中期财政整顿政策，同时为有助于就业的计划预留空间，实现更为公平的增长方式。图5.1和图5.2说明了最初的起始位置。在全球危机爆发之前，发达国家财政状况的改善主要来自于对支出的整顿，而新兴和发展中经济体则主要是由于财政收入的增加。2009年，全球危机后财政支出的增加以及财政收入的减少，使发达国家和发展中国家的财政赤字分别增至GDP的5.2%和3.7%。另有部分迹象表明，总的税收体系的累进性减小，对实体投资和就业的征税比其他经济活动（如金融收入或房地产）相对更重（兰德斯等人，2011年）。

有鉴于此，本章将探讨税收在促进有助于创造大量就业机会的复苏和避免二次衰退中发挥的作用。第一节主要探讨了过去10年间财政收入方式的结构性变化及其累进性和对就业的影响。第二节分析了税收负担和就业的问题。第三节分析了为扩大税收收入的创新方法以及来自特定国家范例的经验教训。

图5.1　发达国家的政府收入、支出和赤字状况（加权平均值，占GDP的百分比）

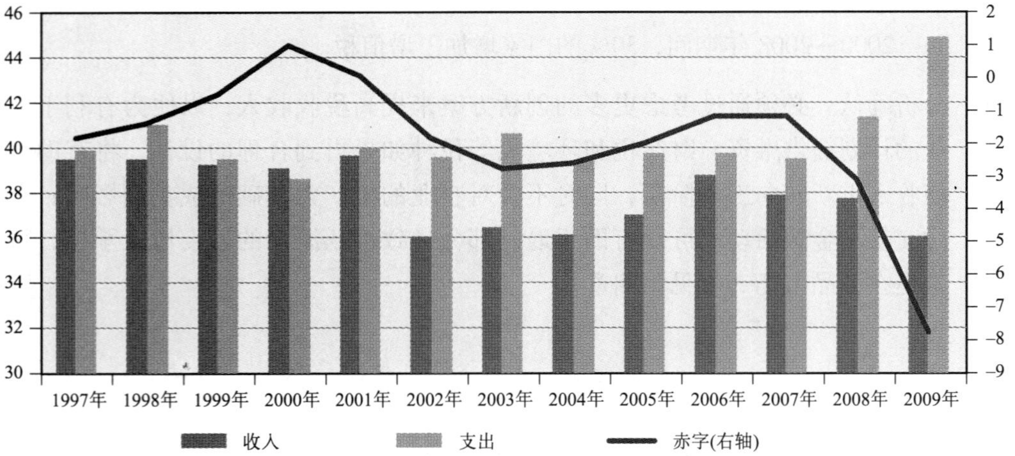

资料来源：国际劳工组织研究所基于国际货币基金组织（2011年）、经合组织统计数据库的摘录和《世界发展指标》（2011年）的计算。

图 5.2　新兴国家的政府收入、支出和赤字状况（加权平均值，占 GDP 的百分比）

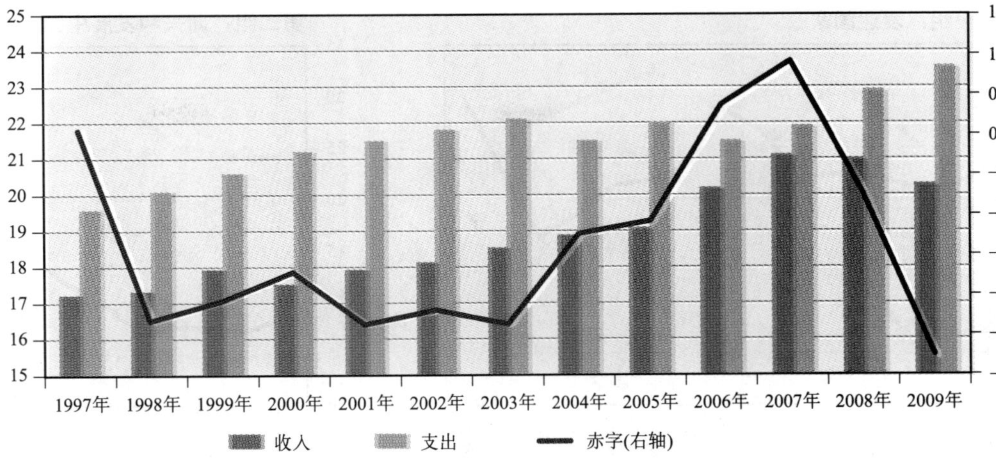

资料来源：国际劳工组织研究所基于国际货币基金组织（2011 年）和《世界发展指标》（2011 年）的计算。

第一节　税收结构的演变

要了解发达国家和新兴国家在全球危机前的政府收入发展趋势，就必须深入了解各国不同的收入渠道。本节分析了在国际层面上五大国家类型税收收入的结构性变化情况（定义见附录 A），并提供了具体的国家范例。[1]

在发达国家，来自商品和服务的税收、个人所得税以及社会保障缴款的收入占总收入的 2/3 以上，这一数字过去 10 年间一直相对保持稳定……

在发达国家（图 5.3 第一组），三种来源的税收收入（商品和服务税收、个人所得税以及社会保障缴款）各占总收入的 20% 以上。对于绝大部分的发达国家，商品和服务税收（主要是增值税）以及个人所得税在过去 10 年间一直相对保持平稳。不过，社会保障缴款出现了下降，从 1995 年占总收入的 25% 降至 2007 年的 23%。

其他三种收入来源各占总收入的 10% 以下。一方面，财产税和国际贸易税一直相对保持稳定；另一方面，企业所得税收入则显著增长。企业所得税的贡献率从 1995 年的不足 6% 增至 2007 年的 9% 以上。

金融危机带来了税收结构的两大转变。首先，商品和服务税收对政府总收入的贡献率大幅增长（2008—2009 年期间增长了 1 个百分点）。其次，由于危机期间企业收入下降，导致所得税和利润税的贡献率大幅下降。增值税的增长以及社会保障缴款的增加部分地抵消了所得税下降的状况。不过，由于绝大部分的发达国家的增值税收入以绝对值计算实际出现下降，前述状况也难以避免政府总收入出现大幅下降。

1　在本节中，尽管个人所得税和企业所得税属于同一大类，但对其进行单独分析。

图 5.3 各种收入来源（占政府总收入的百分比）

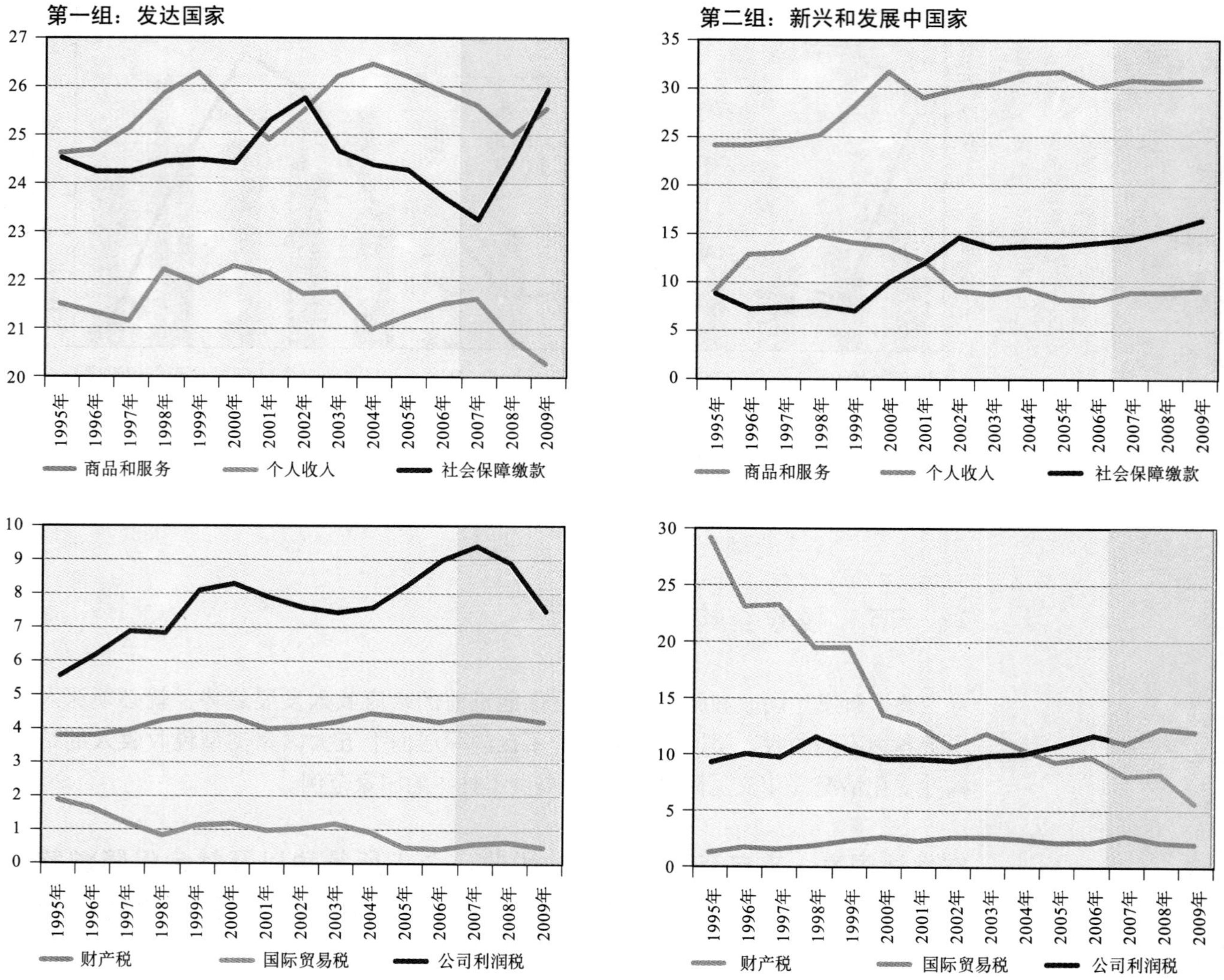

资料来源：国际劳工组织研究所基于国际货币基金组织（2011 年）和经合组织统计局数据库摘录的计算。

……新兴和发展中国家的主要收入来源出现了转变。

在过去 15 年间，受结构性转型和经济自由化的影响，新兴和发展中国家（图 5.3 第二组）的税收结构出现了显著变化。首先，这些收入来源的收入额在 1995 年占总收入的 81% 以上，但到 2007 年，这些收入的比重降至 75% 左右。这主要是由于其他政府收入来源的比重不断增长（包括外国政府或多边机构提供的资助和援助，以及政府活动产生的收入）。其次，国际贸易税收的比重出现了净大幅下降（主要是由于贸易自由化和消除关税所致），从 1995 年占政府总收入的近 30% 降至 2007 年的 8%。最后，商品和服务税收入的比重显著增长，从 1995 年占政府总收入的 24% 增至 2007 年的 31%。

同时，社会保障缴款和公司所得税收入的比重也日益增长，但所得税的贡献率一直相对保持平稳，占总收入的 10% 左右，而财产税的贡献率相对较小，仅为 2%。总体而言，政府收入增加的主要原因是税基增长、税收效率提高、合规性增强、税率提高以及新增税收形式等。

图 5.4　最高个人所得税税率——世界平均值（百分比）

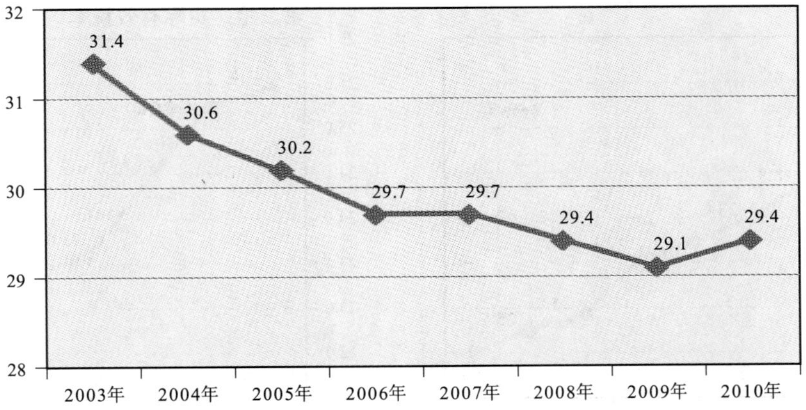

资料来源：国际劳工组织研究所基于毕马威会计师事务所（2010 年）的计算。

总体发展趋势掩盖了很多具体的变化情况：首先，最高个人所得税率不断降低……

全球范围内的最高个人所得税税率出现了下降，从 2003 年的 31.4% 降至 2009 年的 29.1%（图 5.4），这是因为很多国家的政府在 20 世纪 90 年代后期由于周期性繁荣，以及在 2000 年以后由于政府财政预算状况得到改善后均下调了最高个人所得税率（赫梅尔根和尼科德梅，2010 年）。即便个人所得税收入开始下降，最高个人所得税税率也未得到提高。

研究显示，在发达经济体中，通过相对较小地提高高收入群体的税收就可显著增加政府收入（阿特金森等人，2010 年）。例如，在经合组织国家中，最富裕的 10% 的人口所缴纳的税收平均占政府总税收收入的 31.6%（经合组织，2008a）；在美国，高收入群体所缴纳的税收占总税收收入的 45%，占联邦总所得税收入的 70%（税收基金会，2010 年）。

由于在金融危机期间流失了大量的税收收入，发达经济体和发展中经济体的政府（如法国、希腊、爱尔兰、牙买加、墨西哥、葡萄牙和英国等）现已开始提高最高个人所得税税率。不过，部分国家仍然保持其原有最高个人所得税税率不变，其他部分国家（如丹麦、匈牙利和马来西亚）为刺激需求甚至下调了税率。

……其次，企业所得税税率也不断降低……

平均而言，企业所得税税率（法定和实际有效税率）也呈现出不断下降的趋势，从 2003 年的 29.5% 降至 2010 年的 25%（图 5.5）。部分分析人士认为，这一发展趋势反映了政府希望改善商业环境、提高企业竞争力和吸引外资的愿望（曹德劳和米耶史考斯基，1986 年）。不过，其他研究人员（根舍尔和施瓦茨，2011 年）发现，高税收未必会抑制外国直接投资，例如丹麦就是如此——在丹麦，良好的公共基础设施、新技术的获取、受到良好教育的劳动力以及社会和政治保持稳定等因素发挥了重要作用。有鉴于此，部分新兴经济体通过统一税率（降低针对国内企业的税率，提高针对外资企业的税率），终止了为外资企业提供优惠税收待遇的政策。比如，中国就将企业所得税统一为 25%（参见专栏 5.1）。

图 5.5　企业所得税税率的发展趋势（百分比）

第一组：法定税率

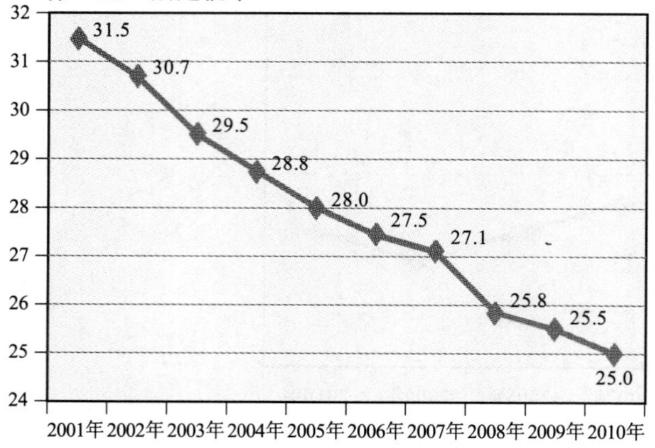

资料来源：国际劳工研究所基于毕马威会计师事务所（2010 年）的计算。

第二组：实际有效税率

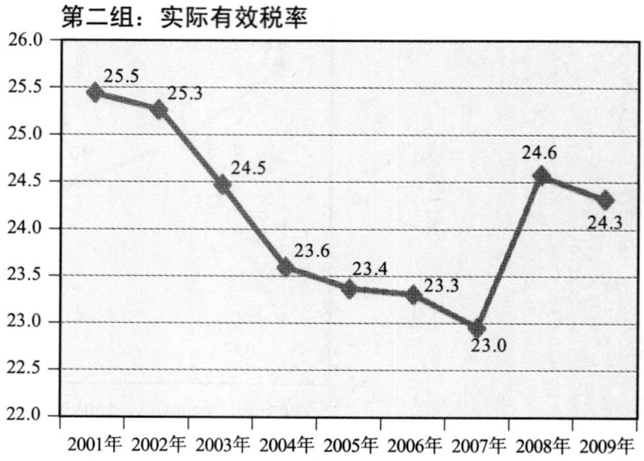

资料来源：国际劳工研究所基于马克尔和沙克佛德（2011 年）的计算。

图 5.6　增值税收入（占 GDP 的百分比）

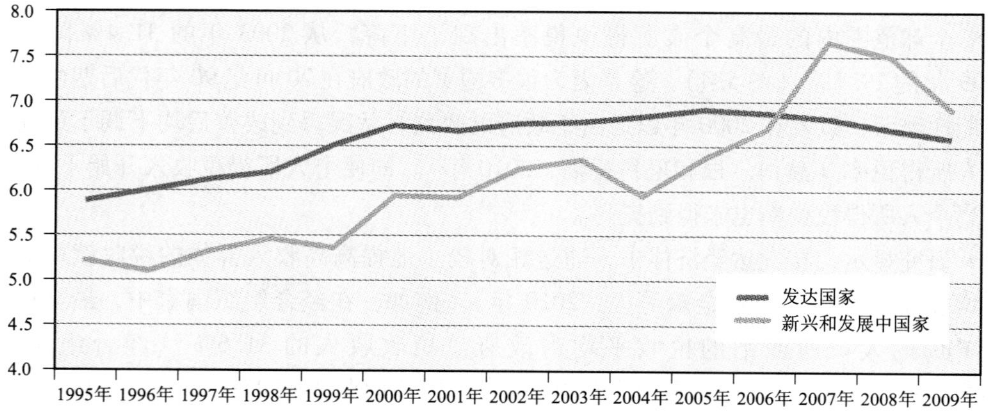

资料来源：国际劳工组织研究所基于国际货币基金组织（2011 年）和经合组织统计局数据库摘录的计算。

……第三，增值税已成为一项主要的税收收入来源，特别是在新兴和发展中经济体……

新兴和发展中国家的增值税在政府创收中的比重（35%）比发达国家（26%）更大，且过去 10 年间增值税一直保持稳定。不过，自 2000 年以来，全球增值税的平均税率不断下降。2005 年约为 16%，在 2009 年降至 15.4%。

增值税收入占 GDP 的比重在发达国家和新兴国家都在不断增长（图 5.6）。发达国家增值税收入占 GDP 的比重在 1995 年为 5.9%，2007 年增至 6.9%，2009 年受金融危机的影响微幅下跌至 6.5%。在新兴和发展中国家，该比例在 1995 年为 5.2%，2007 年增至 7.7%（超过发达国家），2009 年微降至 7%。

增值税的一个主要问题是其累进性。鉴于增值税通常通过提价转移给消费者，有人认为，增值税对最贫困人口的影响超过对富裕人群的影响，因此该税

专栏 5.1　外资企业支持的中国税收收入

中国在国际税收竞争中起着重要作用。20 世纪 70 年代末，当中国实行开放政策以来，中国政府为吸引和留住外资，制定了基本的法规。中国政府为外资企业提供了比国内企业更为优惠的税收待遇，包括更低的所得税率（15%，远低于国内企业的 33%）、免税期和税收减免。在此期间，外国直接投资从 1982 年的不足 5 亿美元飙升至 2007 年的近 1600 亿美元。通常，外国直接投资的大量流入可以提供额外的资本，改善就业状况，从而对整个经济发展带来积极影响。在中国，大量的外国直接投资促进了该国经济的发展。

不过，此类不公平的税收政策也导致了竞争的不公平，引发了国内企业采取各种手段避税，如所谓的“假外资”现象——内资企业将其资本转移至其他国家并在中国重新进行投资，以获取优惠税收待遇。同时，企业所得税税收成为总税收收入中日益重要的组成部分（参见图 5.7）。事实上，据估计，接近 1/3 的中国外国直接投资来自于在海外注册的国内企业（凡·顿·胡克等人，2008 年），注册地点主要是在中国香港（联合国贸发会议，2007 年），同时也包括开曼群岛、萨摩亚群岛和美国维京群岛等避税天堂。

在世界贸易组织和国内企业的压力下，中国开始应对上述问题。2008 年，中国将国内企业和外资企业的公司所得税统一为 25% 的单一税率，并取消了很多此前的优惠税收待遇，[1] 从而使得中国的税收法律体制与国际标准更为一致（高纳特，2007 年）。

要确定这些进展的影响，目前尚为时过早。不过，该政策在减少避税和逃税方面应该能够起到部分作用。在外国直接投资方面，外资的流入可能转向更有创新性的行业，如高新技术产业，这些行业受到中国政府的支持，税收税率仍然比较优惠。这最终可能对中国的经济增长率带来积极的影响（凡·顿·胡克等人，2008 年）。同时，必须谨记的是，还有其他一些非税收因素使中国成为具有吸引力的外国直接投资目的地，这些因素包括不断发展的国内市场、低劳动力成本和训练有素的工人等，从而可以确保在税率提高的情况下外资仍能不断地流入中国。

图 5.7　企业所得税收入占总税收收入和 GDP 的比重

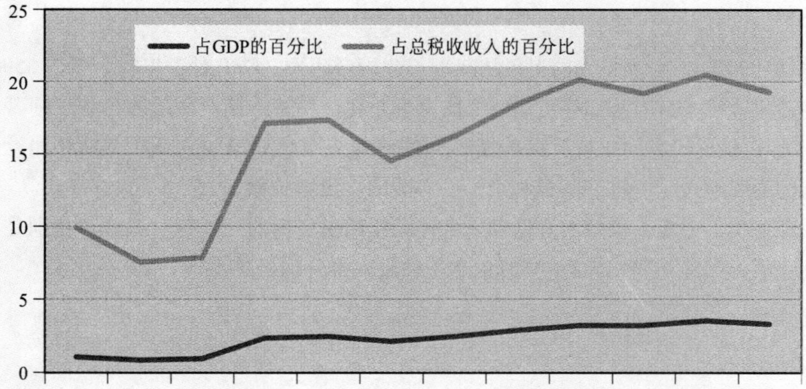

资料来源：《2010 年中国统计年鉴》。

1　不过，针对低利润的小型企业，该税率可以降低至 20%；针对从事政府支持产业的部分企业，如高新技术企业，该税率可以降低至 15%；针对基础设施、农业、环保和节能行业，也有部分鼓励措施（黄和莫，2007 年）。

专栏 5.2　累进性更大（或累退性更小）的消费税：以加拿大为例

背景

1991 年 1 月 1 日，加拿大开始征收商品和服务税（GST），该税种是一种与增值税（VAT）类似的多级税种。商品和服务税替代了制造商销售税（MST），制造商销售税这种单级税因其累退性以及“层叠”效应（物品从生产进入最终零售环节的过程中重复征税）受到诟病（波尔德和甘德龙，2009 年）。省级消费税弥补了商品和服务税的不足。最初，商品和服务税税率为 7%，但在 2008 年最终降至 5%。这种组合税率从 5%（阿尔伯塔省）到 15%（新斯科舍省）之间不等。尽管本身很复杂，但加拿大的商品和服务税具有创新税种的各项特点，可以降低对低收入家庭的税负。

“GST 一揽子计划”

为了增强 GST 的累进性，加拿大联邦政府在设计消费税时对部分物品免税，并实施了可退税的税收抵扣政策，以补偿商品和服务价格上涨对低收入家庭的影响。

- GST 不适用于基本的食品杂货、保健和医疗、教育、日常护理、法律援助服务、住宅租金、金融服务、市政服务和渡船。由于税收免除针对那些体现大部分低收入家庭预算的产品，该方法使 GST 更具有累进性。

- 加拿大政府实施了可退税的税收抵扣政策，该退税每季度支付一次，以帮助低收入和中低收入家庭抵免其已支付的所有或部分 GST 税。也就是说，政府为符合条件的家庭支付其 GST 税的现金退税，以便使处于维持最低生活标准收入水平的家庭无需支付净消费税，不过随着这些家庭收入的增长，退税率将相应地降低（奥尔巴赫和哈赛特，2005 年）。2010 年，每个符合条件的成年人的 GST 退税为 258 加元，每个受抚养子女为 133 加元。如要符合退税的条件，每个成年人的年净收入必须低于 40681 加元，有两个子女的家庭的年净收入必须低于 48401 加元。除了联邦支付提供的 GST 退税外，部分省还提供消费税退税。

分配效应

格雷迪（1990 年）对加拿大的退税情况进行分析后认为，GST 对于年收入低于 35000 加元的家庭是累进税率，对于那些更高收入的家庭是比例税率。该研究结果得到了柯蒂斯等人（2010 年）最近研究的支持，柯蒂斯等人的研究表明，年净收入低于 30000 加元的家庭所得到的退税超过了为维持其福利水平所必需的支出增长额。

因此，经证实，退税不仅是缓解低收入群体间接纳税负担的一种有效工具（特别是与针对必需品免税的措施共同实施），同时也是一种收入再分配工具。

种是一种累退税。[1] 部分国家已采取了一些措施，通过取消或降低对通常由贫困人口消费的基本消费品的增值税率，同时对奢侈品收取附加费用来应对累退性的问题（参见专栏 5.2）。由于这种多税率增值税政策可能难以在部分新兴和发展中国家得到实施和监控，这些国家如果采取单一税率增值税的

1　这是由于增值税的增加可能通过提高价格转嫁给消费者。例如，维伦（2009 年）的研究表明，2/3 的增值税由消费者承担。

图 5.8　社会性支出的资金缺口（占 GDP 的百分比）

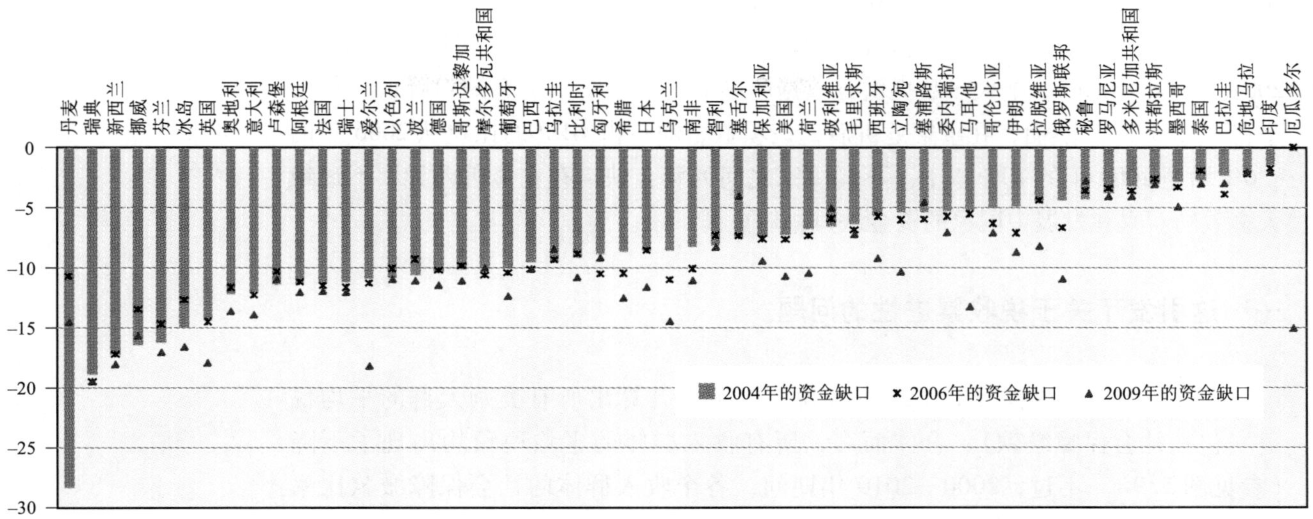

资料来源：国际劳工组织研究所基于国际货币基金组织（2011 年）和《世界发展指标》（2011 年）的计算。

图 5.9　经合组织国家针对没有子女的单身成年人的平均实际税率（百分比）

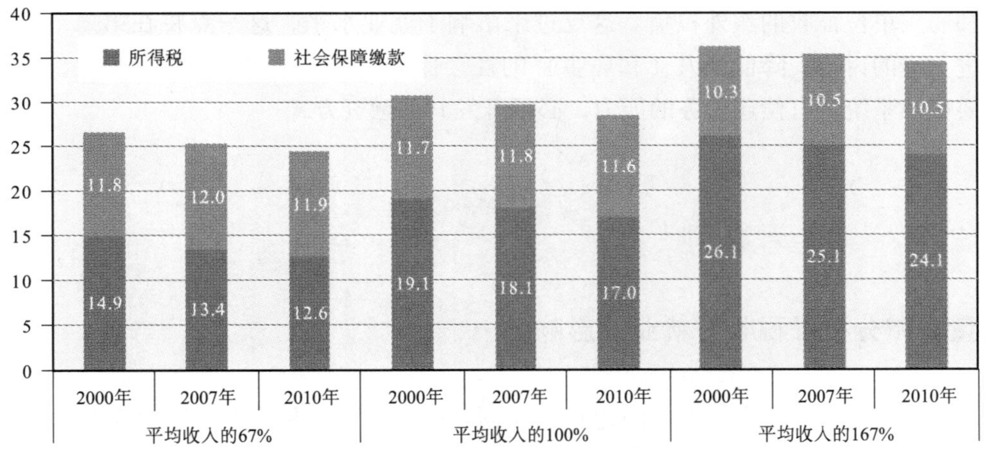

资料来源：国际劳工组织研究所基于经合组织统计数据库数据的计算。

政策可能更为有效，使这些国家的政府能够尽可能多地利用税基，并最大限度扩大税收收入。

……第四，社会保障缴款在政府收入中发挥日益重要的作用……

社会保障支出（医疗、养老金、失业救济、子女/家庭津贴、低收入家庭社会救济）通过一般性税收收入或者通过主要由雇主和员工（可能包括自雇人士）支付的税收来提供经费。自 2007 年以来，发达国家和新兴国家的社会保障缴款在政府收入中所占的比重急剧增长。不过，发达国家的社会保障缴款占 GDP 的比重（尽管这一时期大幅波动）在 1995 年和 2007 年仍保持在 8.9%。受金融危机的影响，2009 年该比例激增至 9.3%。新兴和发展中国家的社会保障缴款占 GDP 的比重从 1995 年的 2.8% 逐步增至 2009 年的 4.8%。

由于社会支出超过收入增长的速度，社会支出的资金缺口同样大幅增加。2004—2006 年期间，绝大多数提供有数据的国家的社会支出资金缺口降低或保持平稳（图 5.8）。然而，在金融危机后，该项资金缺口占 GDP 的比重从 2006 年的 8.6% 增至 2009 年的 10% 以上。不同国家之间的资金缺口存在显著差异，不过绝大多数的新兴和发展中国家的资金缺口相对更高。

……这引发了关于税收累进性的问题。

通过按照收入群体计算平均有效税率，可以计算出所有类别人群的平均税负（包括社会保障缴款）。总体而言，所有收入群体的平均税负均出现了下降（参见图 5.9）。不过，2000—2010 年期间，各个收入群体的社会保障缴款比率仍相对保持平稳。中低收入阶层的社会保障缴款占总收入的比率一直保持在 12% 左右，而高收入阶层的比率为 10.5%。这表明，所得税（而非社会保障缴款）的降低，导致税负的下降，特别是对低收入阶层。低收入阶层的社会保障缴款税率实际上接近所得税率。而对于高收入群体而言，社会保障缴款税率不到所得税率的一半。这就减弱了税收的累进性，导致部分国家重新设计用于社会保障的融资策略。

总体而言，社会保障缴款与就业之间存在紧密的关系。社会保障缴款是对工人和雇主单位征收的额外税负。这反过来影响了就业水平，这一点将在第二节进行进一步的讨论。降低工人（和雇主）的社会保障缴款，显然将降低其税负，不过要使该系统具有偿还债务的能力，必须开发其他融资方式。

第二节　税负和就业

大量文献分析了税收对就业的影响……

鉴于很多发达国家的失业问题日益加剧，有关各方对税收政策对经济增长和就业状况影响的争论也十分激烈。人们通常认为，税收（尤其是累进性税收）政策会抑制经济增长，要实现一个更为公平的税收体系，只有以降低经济增长和减少就业为代价来换取。这就使公平和效率两个目标之间存在得失关系。[1] 基于该理论，如果首先激励高收入阶层创收，然后将收益流向低收入阶层，可能产生更好的效果。

然而，该理论并不成熟，这是因为事实上很难评估税收改革对就业状况的影响。首先，税收政策的变动可能同时影响多个因素，其中部分因素具有积极影响，而其他因素则可能带来消极影响。其次，其他政策或机制（如最低工资制度或工会）可能对结果产生影响（经合组织，2010a）。最后，不同的税种在政策变动后可能对宏观经济产生不同的影响。

1　参见勃朗宁和约翰逊的文章（1984 年）；诺德和斯特罗姆的文章（2002 年）以及李和萨特的文章（2004 年）。

- 有研究认为，个人所得税通过对工人参与劳动力市场的决定或者工时的决定产生负面影响，从而从供应角度对就业状况造成影响（博文贝格，2006 年；桑德莫，1983 年）。不过，这在很大程度上取决于劳动力市场参与者可以获得的其他选项，包括该国失业救济的多寡。此外，实证研究表明，对于绝大部分的工人而言，劳动力供应缺乏弹性（萨拉尼耶，2003 年；诺德和斯特罗姆，2002 年）。
- 同时，有研究认为企业所得税会增加资本的成本，降低税后回报，从而对企业的投资决策造成不利影响（经合组织，2010a）。此外，企业所得税要么由工人、消费者承担，要么由资本所有者（股东）承担。因此，增加对这类群体的税负，可能降低企业的产出或生产效率，或者增加要素替代（转向更低廉的劳动力）和降低工资，从而影响就业状况（贝顿多夫等人，2007 年）。不过其他研究表明，企业所得税仅是投资决策中很小的一个考虑部分，该决策在更大程度上与需求增长有关（格尔森，1998 年；杰克逊，2008 年）。
- 增值税和不同的消费税由于主要转嫁给工人和消费者，也会对就业状况造成重大影响。例如，据估计，在经合组织国家中，这些税种使得工人的税负增加了 8%（经合组织，2010a）。因此，这些税负的增加将导致工人实际可支配收入的下降，从而可能对总需求以及最终对劳动力需求带来负面影响。
- 有研究认为，社会保障缴款（针对雇主征收的）增加了劳动力成本，因此挫伤了企业招聘新员工的积极性，从而增加了失业人口（参见专栏 5.3）。通过降低该项成本（通过对雇主退税），可以激励企业雇佣新的员工（或者至少在经济衰退期不裁员）。此外，降低员工社会保障缴款可以增加就业，并通过增加工人的可支配收入从而最终增加总需求，进一步刺激就业的增长。

……不过，研究显示，可以在不导致就业和企业效率下降的情况下实现更具累进性的税收体系……

大量研究从理论和方法论的角度表明了“公平性高于效率”的谬误（诺德和斯特罗姆，2002 年）。此外，实证研究显示，经济增长和累进性征税可以同时并存。这方面的一个范例是“辉煌三十年”，即第二次世界大战后至 20 世纪 70 年代中期。在此期间，很多国家的边际税率都很高，但经济增长同样保持强劲。基于近期的数据，没有证据显示累进性征税对经济增长或就业状况造成负面影响（参见图 5.11）。

假定低收入群体比高收入群体有更高的边际消费倾向，如果实施更具累进性的税收体系，可以带动需求，增强经济发展的活力。特别是在商业周期的萧条期，更具累进性的税收可以减小税后收入和消费的波动性，从而发挥经济稳定器的作用（韦勒和拉奥，2010 年）。此外，通过对收入进行再分配，累进性税收体系也可能作为一个隐性的信贷市场——那些难以获得信贷的工人可以通过提高税后收入获得额外的资金，从而有助于缓解信贷市场的扭曲状况（博文贝格，2006 年）。

专栏 5.3　失业和劳务税

有研究认为，高劳务税楔——税楔即个人所得税以及员工和雇主的社会保障缴款加上工资税减去现金转移支付的金额占劳动力总成本的百分比（经合组织，2007a）——是部分经合组织国家失业率相对更高的原因之一。该理论认为，由于相对更高的税楔会增加雇佣员工的成本，从而减少企业对劳动力的需求。

有关该主题的实证研究文献表明，失业和劳动税之间存在紧密的联系。例如，戴福瑞和塔伯里尼（2000 年）发现，在 1965—1995 年期间欧盟的劳务税增加了 14 个百分点，导致失业率上升了 4 个百分点。加西亚和萨拉（2008 年）发现，不仅税楔的水平十分重要，税楔的组成也很重要。他们指出，在欧洲大陆国家，员工支付的劳务税越多，失业率就越高。此外，劳务税对就业的影响在技能低员工和高素质员工之间也不相同。库格勒和库格勒（2003 年）分析了 1980—1990 年期间哥伦比亚的劳务税提高所带来的影响，结果发现，劳务税提高对技能低员工在就业方面的影响比对高素质员工的负面影响更大。

使用 2000—2010 年期间经合组织的数据，图 5.10 显示，劳务税楔相对更高的国家结构性失业率普遍更高。结构性失业率是与不变价格通胀保持一致的失业率（非加速通货膨胀失业率，简称 NAIRU）。计算结构性失业的理论依据来自于这一论点，即：从长期来看，通货膨胀和失业率之间不存在得失权衡的问题，失业率完全取决于结构性变量（如人口变化或税楔），而通货膨胀完全是一种货币现象（经合组织，2000 年）。该论点还否认了危机的周期性。

图 5.10 显示的是 2000—2010 年期间部分经合组织国家的平均税楔（所有收入群体、没有子女的家庭）及其平均结构性失业率。这一上升趋势证明了该论点，即劳务税越高，将导致结构性失业率越高。有五个国家在图中位于该区域之外，即奥地利、丹麦、希腊、荷兰和西班牙。位于顶端的希腊和西班牙，其结构性失业率偏高，这明显体现了税楔以外的其他结构性变量的影响。位于底端的奥地利、丹麦和荷兰的结构性失业率相对较低，这可能是其劳动力市场相对灵活所致。

图 5.10　经合组织国家的税楔和结构性失业率

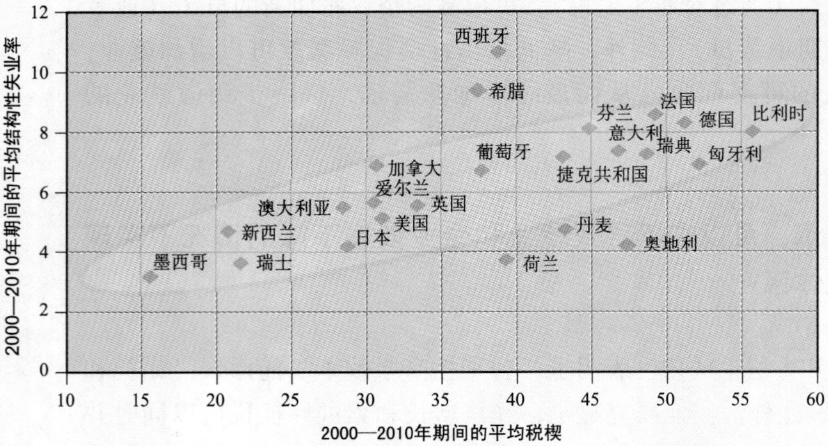

资料来源：国际劳工组织研究所基于经合组织统计数据库数据的计算。

按照该分析，各国（尤其是位于图中右上角的那些国家）应该推行旨在降低劳务税楔以便减少结构性失业率的改革。由于上述很多国家在危机后面临高财政赤字的状况，其他增加收入的改革应该能够弥补劳务税减少的局面。海吉尔和丽赫达特（2009 年）指出，削减劳务税和增加所得税使边际税楔保持不变，将有效地降低失业率，同时增加公共收入。经合组织在近期的《就业前景报告》（经合组织，2011 年）中同样提出通过一般性税收而非劳务税来为社会保障提供资金。这将使各国的税基加大，同时降低正规就业的税楔，从而可能反过来鼓励企业创造在正式部门的就业机会（经合组织，2007a）。巴西和南非在此方面已取得了成功经验。

图 5.11　GDP 增长率、就业以及税收收入占 GDP 的比重

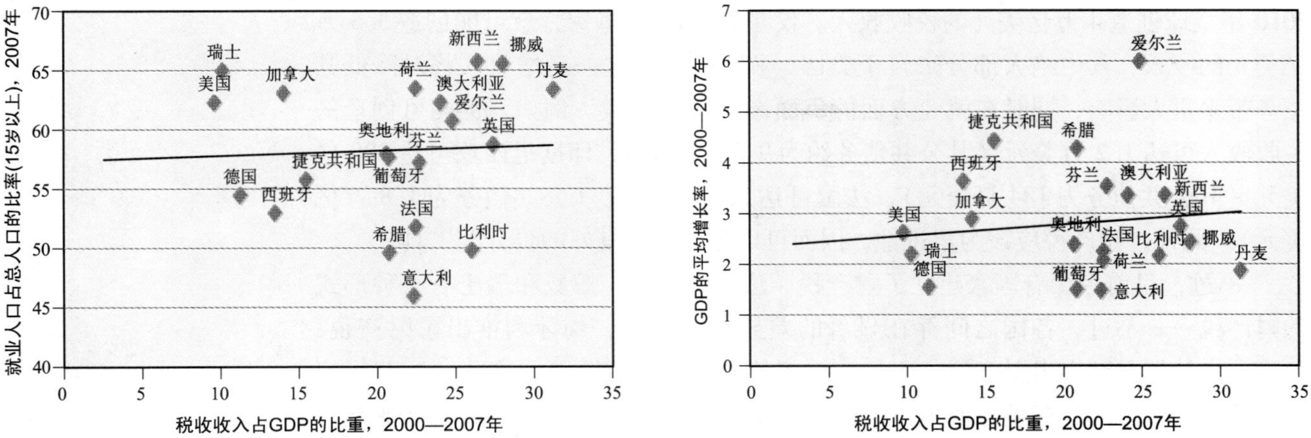

资料来源：国际劳工组织研究所基于世界数据库数据的计算。

图 5.12　财产税为 3% 的创收情况，2010 年（10 亿美元）

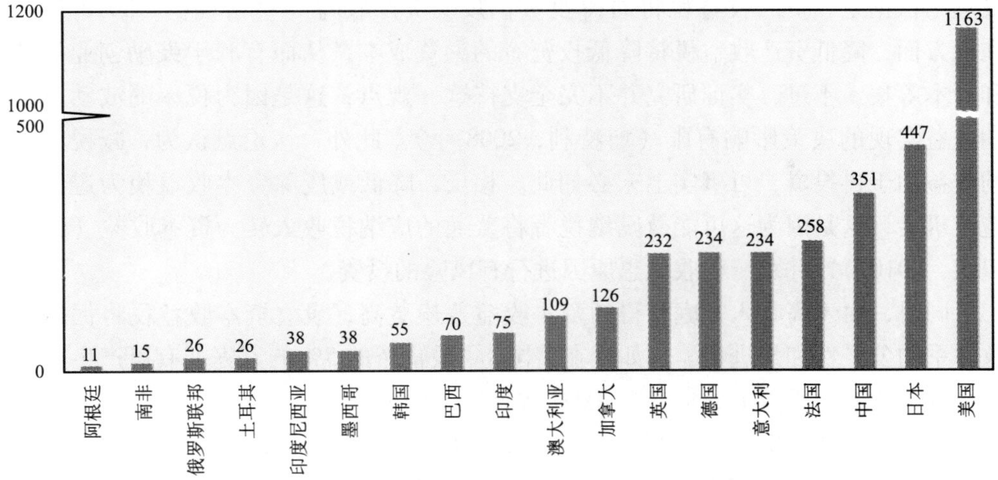

资料来源：国际劳工组织研究所基于夏洛克斯等人的文章计算。

第三节　扩大税基：部分对策

鉴于要探讨上述的主要税收来源及其对就业的影响非常复杂，有人建议开发其他替代的税收来源。尽管每种替代税收来源本身在整个税收收入中仅占很小的比例，但各国可以考虑其中部分对策，以便为有利于就业的计划提供资金，并减轻工人的税负。此外，此处所列的税收来源不仅有助于在不对生产力造成负面影响的前提下使收入面向工人重新分配，同时也有助于抑制可能已导致市场波动的部分过度风险承担。

财产税和资本收益税

个人所得税未考虑到个人的财产或资产状况。研究表明，推出财产税——或者微幅提高已有财产税的税率——将为政府带来巨大的收入。例如，数据显示，最富裕的 10% 家庭的财富占全球总财富的 70% 以上（戴维斯等人，2010

年）——如果对这些个人临时征收3%的财产税（类似于最近欧洲的建议）将为2010年全球创造4万亿美元的税收收入。仅在20国集团国家，就可能创造3.5万亿美元的收入，其中绝大部分来自于美国（图5.12）。这一新增收入将对降低其债务带来重大影响，同时在就业方面的负面影响微乎其微。例如，美国可创造的税收收入可达1.2万美元（其公共债务约为9万亿美元），印度尼西亚可达380亿美元（其公共债务为184亿美元），法国可达2580亿美元（公共债务为1.8万亿美元）。此外，财产税应该为累进性，因而可以作为一项良好的再分配工具。

不过，目前极少有国家建立了财产税。法国、印度、挪威和瑞士有某种形式的财产税——不过，各国之间存在显著的差异。2010年，匈牙利推出了财产税，西班牙也计划重新推出财产税。不过，更多的国家几乎废除了财产税，这些国家包括奥地利、丹麦、芬兰、德国、希腊、爱尔兰、意大利和瑞典（瑞斯蒂亚和特兰达菲尔，2010年）。

资本收益税（CGT）尽管存在某种程度的争议，但人们仍可将之视为增加公共收入的一个良好对策。在很多国家，资本收益税是对出售资产（如金融资产或房地产）获得的收益征收的税收，通常按照低于所得税率的统一税率进行征收。其理论依据是，资产收益税将妨碍投资，减少资产收益（亨格福德，2010年）；在此方面，降低资产收益税将降低投资者的融资成本，从而有利于鼓励创业活动和资本筹集。不过，实证研究并不完全支持这一观点，这是因为税率的波动对长期收益实现的决策影响有限（詹特利，2008年）。此外，该论点认为，减税实现的收益用于再投资，可事实上未必如此。相反，降低或废除资本收益税为避税创造了机会，这是因为这可能鼓励纳税者将普通的应纳税收入转为资本收益（经合组织，2010a），并由于税收优惠原因进行有风险的投资。

同时，由于高收入家庭获得的资本收益普遍更高，设立资本收益税将促进税收体系的公平性和累进性。例如，在美国，“最富裕的5%的家庭拥有可产生应纳税资本收益的一半以上的资产”（亨格福德，2010年）。

实施或增加资本收益税所产生的收入估计很高。据估算，2009年新西兰因推出广泛资本收益税将增加90亿新西兰元（约合70亿美元）。[1] 在美国，有人曾预计，如果美国将资本收益税和股息税税率提高15%—20%，则在2011年、2014年和2019年美国的税收收入将增加54亿美元、122亿美元和199亿美元。[2] 同时，必须指出的是，资本收益税创造的收入也可用于弥补社会保障计划的资金缺口，或者减小对劳务收入的税负。例如，在法国，资本收益依照社会保障缴款而定，资本收益税税率也从此前的12.3%增至2011年的13.5%。

金融交易和金融活动税

在金融危机后，对金融业征税获得了政界和学术界的一致支持。对金融业征税可以实现多项目标，包括矫正金融业活动导致的负面外部因素（如过度风险承担、存在“大而不能倒”的金融机构等），同时为各国政府提供弥补危机所带来的财政成本的新增收入来源。

1　参见 http：//www. stuff. co. nz/national/politics/5238989/Goff-not-commenting-on-capital-gains-tax。

2　参见 http：//www. huffingtonpost. com/2009/02/26/obama-wants-higher-capita_ n_ 170237. html。

实施金融交易税（FTT）有两个基本的经济原因。首先，金融交易税将有助于打击股票市场和商品市场导致价格波动的短期过度投机行为；其次，由于潜在的税收收入巨大，金融交易税将使各国政府利用低税率显著提高收入。此外，金融交易税将仅针对相对少数的群体征收，极其便于管理。

目前，很多国家（尤其是20国集团国家）都有某种形式的金融税（从价税），使其收入占GDP的比重上升了大约0.5%（马瑟森，2011年）。例如，中国、印度、印尼、意大利、韩国、南非和英国对购买或出售公司股票进行征税（参见专栏5.4）。很多国家此前往往倾向于降低此类税收，以便降低资本的成本，增加国内金融行业的竞争力。例如，美国在1966年下调了其股票交易税，德国在1991年、日本在1999年、法国在2009年也分别下调了股票交易税。

如果金融税在全球范围内得到实施，并包括各种金融交易，将为各国政府带来相当可观的收入。不过，研究发现，金融税将导致金融交易的减少。舒尔迈斯特（2011年）发现，全球各国的金融税率如果总体达到0.05%，该项税收将占全球名义GDP的1.1%。该项税收在北美和欧洲地区甚至更高，占GDP的比重介于1.5%—1.8%之间。

另外一项建议是征收金融活动税（FAT），可以对金融机构的利润和薪酬征税，该税收是适用于金融业增值部分的税收。根据各自目标的不同，金融活动税的设计可能各不相同。如果各国政府决定将金融机构的所有收入和利润纳入征税范围，金融活动税将成为一种有效的增值税。因此，将有助于防止金融行业出现过度膨胀的倾向（国际货币基金组织，2010年）。但是，如果政府仅将一定水平以上的收入和利润纳入金融活动税征收范围，金融活动税将成为对“金融行业超额收益”征收的税收（国际货币基金组织，2010年）。因此，这将有助于缓解金融行业过度的风险承担状况（国际货币基金组织，2010年）。

欧洲委员会（2010年）采用国际货币基金组织的数据对15个欧盟成员国进行取样的研究结果发现，采纳相对较低的5%的金融活动税（FAT），根据设计的不同，可以带来111亿英镑（约合158亿美元）到259亿英镑（约合370亿美元）的税收收入。不过，采纳金融活动税必须与各国现有的法规进行协调，特别是对于那些紧密一体化的市场，以便避免出现税收和管制套利现象，同时形成一个公平竞争的环境（国际货币基金组织，2010年）。

环境税

环境税通常针对能源密集型商品消费进行征收，以阻止对环境有害的活动。环境税还旨在通过鼓励污染者开发和采纳更为清洁和更为有效的技术从而支付更低的税收来改变其行为。

不过，除了直接的环境影响外，环境税的开征还有另外一个目的。20世纪90年代，当部分欧洲国家（如丹麦、德国、荷兰和英国）实施环境税时，其主要意图是将税负从劳动者转向自然资源的使用者。尽管环境税在这种意义上讲属于收入中性的税种，但它确实通过增加税基增加了新的收入，从而实现了降低所得税和社会保障缴款的目标。由于环境税对环境和就业均有利，带来了两全其美的效果。

2008年，经合组织国家的环境税收入达到了GDP的2.3%。不过，部分国家仍有提高收入的大量空间。例如，据欧洲环境署估算，如果爱尔兰采用与丹麦和挪威类似的环境税税率，2014年其环境税收入将有望达到60亿美元。此外，在英

专栏 5.4　英国的印花税

英国的印花税是针对金融资产所有权登记征收的税种。印花税因在金融工具从一个所有者转让给另一个所有者时采用印花税票而得名。印花税预征税（SDRT）的税率为伦敦证券交易所电子股票交易额的 0.5%，印花税预征税对英国公司的股票以及在英国登记有股票的境外公司的股票征收，同时对购买股票的期权进行征收。

总体而言，印花税是一种提高政府收入的极其有效的途径，特别是由于印花税仅针对少数人进行征收，使其相对容易管理。印花税预征税通过由欧洲清算系统（Euroclear）运营的、被称之为 CREST 的证券结算系统进行征收，对每项交易自动进行征收。

图 5.13　印花税收入（百万英镑）

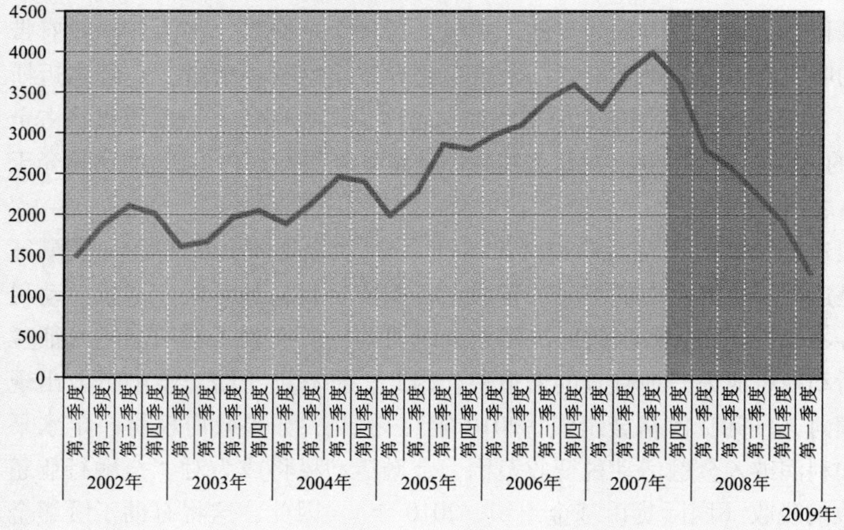

资料来源：国际劳工研究所基于英国财政部的数据的计算。

英国国内税收总局的报告显示，从行政管理方面看，股票交易税是最具成本效益比的征税方式，其成本不到征税额的 0.05%。相比之下，征收所得税的管理成本达到征税额的 0.7%，是股票交易税征收成本的 10 倍多（贝克，2010 年）。英国印花税征收的情况否定了人们通常反复声称的金融税收难以进行管理的说法。

印花税收入既是股价的一个函数，也是股票数量和成交量的一个函数。因此，该收入在很大程度上取决于股市的发展状况。如图 5.13 所示，自 2002 年以来，印花税收入持续增长，2007 年英国政府征收的此项税收收入约为 40 亿英镑（约合 60 亿美元）。但在 2008 年金融危机后，印花税收入急剧下降，2009 年第一季度该项收入仅为 13 亿英镑（约合 21 亿美元）。

从长期来看，英国印花税所面临的一大潜在威胁因素是金融衍生工具的重要性不断增加，而金融衍生工具目前不缴纳印花税（舒尔迈斯特等人，2008 年）。英国财政部可以将印花税的征收范围拓宽至所有金融交易，从而解决上述这一问题。由于伦敦证券市场传统上的强势地位，英国普通金融交易税（FTT）的潜在收入将尤其巨大。据舒尔迈斯特（2011 年）估算，英国的普通金融交易税将达到 GDP 大约 8.6%（1939 亿美元）。此外，如果欧洲其他国家，特别是作为第二大金融中心的德国，如同英国一样推出金融交易税，将避免出现显著的“交易迁出”现象（舒尔迈斯特，2009 年）。

国，由于近来对石油生产商的环境税率从20%提升至32%，英国环境税的新增收入预计将达到30亿美元。[1]尽管对德国和英国的实证研究显示环境税对就业的影响很小，但并不会对就业产生负面影响（国际劳工研究所，2011年；经合组织，2007年）。同时，环境税的实施在很多国家确实成功地降低了税楔，更重要的是减少了二氧化碳的排放量（参见专栏5.5）。

最后，环境税在收入再分配方面的影响可能受到置疑——这是因为环境税可能给贫困家庭带来更大的负担。事实上，电力税和水资源税是最具累退性的税种之一，这是因为企业通常从一些特殊税收条款中受益，而个人消费者却无法享受这种待遇。此外，尽管对个人能源消费的征税超过企业活动，但事实上后者的污染更为严重（在欧洲，大约80%的二氧化碳排放量来自于企业的生产过程）。可以通过对家庭免税（国际劳工研究所，2011年）和减少对部分行业的特殊税收条款，来解决上述问题。这样，实施环境税的主要目标，即对污染者进行制裁的目标才能得到实现。

税收遵从和国际协调

只有保持税收遵从性，加强管制，同时在各国之间进行协调，税收改革才有可能实现其潜在的目标。在发达经济体和发展中经济体，逃税都是一个很大的问题，并导致大量的资本流动，特别是来自发展中国家，从而使得这些国家的税收收入显著减少。据估算，来自发展中经济体的非法金融资本流每年在8500亿美元至1万亿美元之间（卡尔和卡特赖特—史密斯，2009年）。[2]这种现象对发达国家几乎同样有害，据欧洲议会估算，整个欧洲地区每年的逃税额约在2000亿欧元至2500亿欧元之间（约合2800亿美元—3500亿美元）。[3]最令人担忧的问题是，这种发展趋势仍在不断增长：有研究显示，“从1996年6月到2009年6月期间，非居民存款的年均复合增长率为9%（按实值计算）。非居民存款和为逃税的海外存款密切相关”（霍林谢德，2010年）。

与逃税（通常是非法的）相对应的避税，拥有显著降低税收成本的众多合法手段。跨国公司经常采用的一种方法就是转让定价或虚开发票，通过这种方法，跨国公司可以调节其内部价格，以便将利润转移至受低税收管辖的海外地区，将成本转移到能够享受税收减免待遇的国内地区（夏克森，2011年）。据估算，每年美国仅转让定价一项的成本就高达600亿美元（格拉韦尔，2010年）。

目前，世界各国都试图实施更加严苛的税收遵从制度，并启动了国际税收信息交换制度，以便增加税收收入。这些都是改善税收体系透明度的重大举措。

为了减少欧盟的避税现象，2011年3月，欧洲委员会宣布了一个名为“共同统一公司税基”的项目，该项目旨在保持欧盟25国地区应纳税收入计算的统一性。欧洲委员会估计，此类统一性将使税收遵从的成本降低2/3，促进经济增长。[4]不过，由于该制度是非强制性的，因此可能成为企业减少税收的另一种手段。

此类范例表明，国际合作和强制性计划对于政策的有效性至关重要。20国集团金融集团为实施此类措施提供了一个平台，可以进一步打击逃税和避税现象。

---

1 http：//www. hmrc. gov. uk/budget2011/tiin6133. pdf。

2 仅有1/3的数额来自于犯罪活动，2/3的数额来自于与逃税有关的跨境交易。

3 欧洲议会有关全球和欧洲创新融资的决议，2011年3月8日。

4 www. rte. ie/news/2011/0316/tax. html。

专栏 5.5　环境税的设计

过去10年间，土耳其的环境税收入大幅增长，从1998年的1.8%增至2008年的3.3%，达到总税收收入近15%（经合组织，2010b）。这使土耳其在环境税收入占GDP的百分比方面，成为经合组织国家中继荷兰和丹麦之后的第三大国家（参见图5.14）。土耳其环境税收入的强劲增长主要来自于燃料和机动车特种消费行为税收入的增长——这两项税收收入占2007年土耳其总环境税收入的96.5%（经合组织，2008b）。目前，土耳其的石油消费税税率是经合组织国家中最高的（经合组织，2010b）。但是，由于土耳其的很多低收入家庭没有小汽车，对石油消费征收的高税率对整个收入分配具有累进性影响（经合组织，2008b）。

土耳其征收环境税的主要目的似乎是创造收入，而非保护环境。例如，燃料使用税率并不能鼓励消费者使用更为环境友好型的产品，这是因为在某些情况下，较低的税率适用于污染更为严重的燃料（塞利卡亚，2011年；经合组织，2008b）。此外，1990—2005年期间，土耳其的温室气体总排放量增加了84%（从1.701亿吨增至3.124亿吨）。

图5.14　环境税收入（占GDP的百分比）

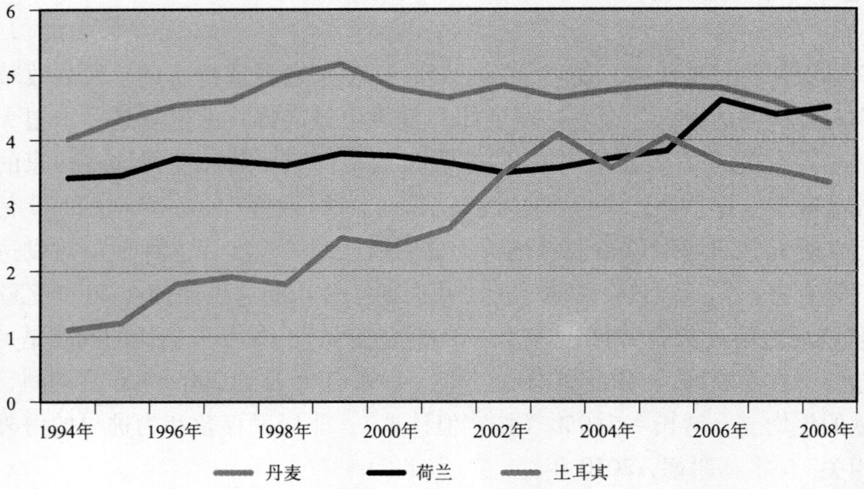

资料来源：经合组织（2010b）。

相反，在过去10年间，荷兰从征收环境税中不仅创造了收入，同时也实现了不少环境保护目标：很多行业，如制造业和建筑业以及农业，在减少二氧化碳方面取得了很大的进展——1990—2007年期间分别减少了18%和28%。此外，为了应对交通运输行业二氧化碳排放的问题，荷兰政府将对汽车使用实施一项新的税收计划，即汽车司机必须按照驾驶的每公里里程支付一定的税费，该计划将于2012年生效。

丹麦的环境税收入同样很高，在过去10年间出现了显著增长：1990—2009年期间增加了161%。在为政府创造收入的同时，环境税也促进了污染的减少。在过去10年间，二氧化碳排放占GDP的比重以及人均二氧化碳排放量均出现了显著下降（国际劳工研究所，2011年）。此外，丹麦的环境税收入也被积极用来改变税负状况。2002年，用来减小劳务所得税的环境税收入占总税收收入的6%以上（而在1999年荷兰的该项环境税收入占总税收收入的比重仅为0.5%），是欧洲国家中实施环境税改革的税收收入比重最高的国家之一（经合组织，2007b）。

附录 A
不同税种的定义

所得税、利润税和资本收益税

包括对以下项目征税：

1. 工资、薪金、小费、酬金、佣金、额外福利和其他劳务报酬；
2. 社会保障、养老金、年金、人寿保险和其他退休金账户分配的应纳税部分；
3. 利息、红利、租金和版税收入；
4. 资本损益，包括投资基金的资本收益分配；
5. 股份公司、合伙企业、独资企业、不动产和信托基金所获得的利润。

财产税

财产税包括对使用、拥有或转让财富征收的税收。财产税可以是定期、一次性或转变所有权时进行征收。财产税分为以下四大类：

1. 不动产周期税：针对不动产（土地、房屋和其他建筑物）使用或所有权征收的税，针对不动产所有者、租户或者两者征收。
2. 净财富周期税：针对净财富（各种动产和不动产的价值）定期征收的税。
3. 不动产、遗产和赠与税：针对死后财产转让以及针对赠与征收的税。
4. 金融和资本交易税：针对财产所有权改变征收的税，第 3 类的除外，包括对证券的发行、购买和出售征收的税，对支票和其他支付形式征收的税，以及针对特定合法交易征收的税。

商品和服务税

针对生产、开采、销售、转让、租赁或交付商品以及提供服务征收的税，包括：增值税、一般销售税，在商品制造/生产、批发或零售层次上征收；单级税；累加多级税，此处的“级”是指生产或分销的阶段。

国际贸易税

国际贸易税包括关税和其他进口税以及出口税。

社会保障缴款

如同第三章所阐述的，社会保障缴款是指从雇主代表雇员缴纳的，或者从员工、自雇或非雇佣人员代表自己缴纳的，为缴款人及其受赡养者或者幸存者有权享受社会福利的实际或推算收入。社会保障缴款按照企业收益、工资总额或员工数量进行征收。社会保障缴款共有以下两个组成部分：

1. 社会保障计划（养老金计划）缴款：员工社会保障缴款要么由员工直接缴纳，要么从员工的工资和薪金中扣除，由雇主代表他们进行缴纳。雇主社会保障缴款由雇主代表员工直接缴纳。

2. 其他社会保障缴款：包括向由政府实施的社会保险计划中，由不提供退休福利的雇主代表其员工缴纳的实际和推算缴款。这些社会保障缴款可能包括医疗保险、受赡养者或家庭津贴、因无法工作而丧失收入（或失业保险）的保险、主要收入人员死亡保险、住房补贴和教育费用保险等。

资料来源：基于国际货币基金组织《政府财政统计手册》（2011 年）。

参考文献

Atkinson, A.; Piketty, T.; Saez, E. 2010. “Top incomes in the long run of history”, in A. Atkinson; T. Piketty (eds): *Top Incomes, A Global Perspective* (New York, Oxford University Press), pp. 664–759.

Auerbach, A.J.; Hassett, K.A. 2005. *Toward fundamental tax reform* (Washington, DC, American Enterprise Institute for Public Policy Research).

Baker, D. 2010. *The benefits of financial transactions taxes: Statement to the Bundestag* (Washington, DC, Center for Economic and Policy Research).

Bettendorf, L.; van der Horst, A.; de Mooij, R.A. 2007. *Corporate tax policy and unemployment in Europe: An applied general equilibrium analysis* (European Tax Policy Forum). Available at: http://www.etpf.org/papers/23unemp.pdf.

Bird, R.M.; Gendron, P.P. 2009. Sales taxes in Canada: The GST-HST-QST-RST “system”. http://www.americantaxpolicyinstitute.org/pdf/VAT/Bird-Gendron.pdf.

Bovenberg, L. 2006. “Tax policy and labor market performance”, in J. Agell; P.B Sørenson (eds): *Tax policy and labor market performance* (Cambridge, MA, MIT Press), pp. 3–74.

Browning, E.K.; Johnson, W.R. 1984. “The trade-off between equality and efficiency”, in *The Journal of Political Economy*, Vol. 92, No. 2, pp. 175–203.

Celikkaya, A. 2011. “Environmental tax reforms in European countries and an evaluation of Turkish case”, in *Anadolu University Journal of Social Sciences*, Vol. 11, No. 2, pp. 97–120.

Curtis, L.; Kingston-Riechers, J. 2010. “Implications of the goods and services tax for families in Canada”, in *Canadian Public Policy*, Vol. 36, No. 4, pp. 503–520.

Daveri, F.; Tabellini, G. 2000. “Unemployment, growth and taxation in industrial countries”, in *Economic Policy*, Vol. 15, No. 30, pp. 47-104.

Davies, J.B.; Sandström, S.; Shorrocks, A.B.; Wolff, E.N. 2010. “The level and distribution of global household wealth”, in *The Economic Journal*, Vol. 121, No. 551, pp. 223–254.

European Commission. 2010. *Taxation of the financial sector*, COM(2010) 549 final (Brussels).

García, J. R.; Sala, H. 2008. “The tax system incidence on unemployment: A country-specific analysis for the OECD economies”, in *Economic Modelling*, Vol. 25, No. 6, pp. 1232–1245.

Garnant R. and Song L. 2007. *China. Linking markets for growth* (Canberra, The Australian National University Press).

Genschel P., and Schwarz, P. 2011. Tax competition: a literature review, in *Socio-Economic Review* (2011) 9, 339–370.

Gentry, W. 2008. “Capital gains taxation”, in: S. Durlauf; L. Blume (eds): *The new Palgrave dictionary of economics online* (Palgrave Macmillan), 24 June 2011. Available at: http://www.dictionaryofeconomics.com/article?id=pde2008_C000033.

Gerson, P. 1998. “The Impact of Fiscal Policy Variables on Output Growth.” International Monetary Fund Working Paper (WP/98/1) (www.imf.org, 1998).

Grady, P. 1990. "An analysis of the distributional impact of the Goods and Services Tax", in *Canadian Tax Journal*, Vol. 38, No. 3, pp. 632–643.

Gravelle, J. 2010. *Tax havens: International tax avoidance and evasion*. CRS Report for Congress (Washington, DC, Congressional Research Service).

Heijdra, B.J.; Ligthart, J.E. 2009. "Labor tax reform, unemployment, and search", in *International Tax and Public Finance,* Vol. 16, No. 1, pp. 82–104.

Hemmelgarn, T.; Nicodeme, G. 2010. The 2008 Financial Crisis and Taxation Policy. European Commission, http://ec.europa.eu/taxation_customs/resources/documents/taxation/gen_info/economic_analysis/tax_papers/taxation_paper_20_en.pdf.

Hollingshead, A. 2010. Privately Held, Non-Resident Deposits in Secrecy Jurisdictions. Report of the Center for International Policy, Global Financial Integrity. Available at: http://www.gfintegrity.org/storage/gfip/documents/reports/gfi_privatelyheld_web.pdf.

Huang, J. and Mou C. 2007. New corporate income Tax Law in China, in *China Law Alert*. MWE, China Law Offices. Available at: http://www.mwechinalaw.com/documents/chinalawalert1207.pdf.

Hungerford, T. 2010. The Economic Effects of Capital Gains Taxation. CRS Report for Congress (Washington DC, Congressional Research Service). Available at: http://www.policyarchive.org/handle/10207/bitstreams/19358.pdf.

IILS. 2011 (forthcoming). *The double dividend and environmental tax reforms in Europe*. EC-IILS Joint Discussion Paper Series No.13. (Geneva).

International Monetary Fund (IMF). 2010, A fair and substantial contribution by the financial sector, Final Report for the G20, http://www.imf.org/external/np/g20/pdf/062710b.pdf.

International Monetary Fund (IMF). 2011. *Revenue mobilization in developing countries,* Fiscal Affairs Department Working Paper (Washington, DC).

Jackson, A. 2000. "Tax Cuts: The Implications for Growth and Productivty. CLC Research Paper #16. 2000 (http://action.web.ca/home/clcpolcy/attach/taxcut-feb2k.pdf). Republished in Vol. 48, #2, Canadian Tax Journal, 2000).

Kar, D.; Cartwright-Smith, D. 2009. Illicit financial flows from developing countries: 2002-2006 Report of the Center for International Policy, Global Financial Integrity (Washington, DC). Available at: http://www.financialtaskforce.org/wp-content/uploads/2009/04/illicit-financial-flows-economist-report.pdf.

KPMG. 2010. KPMG's individual income tax and social security rate survey 2010, http://www.kpmg.com/GR/en/IssuesAndInsights/ArticlesPublications/Documents/Individual_Income_Tax_2010.pdf (accessed 24 Oct. 2011).

Kugler, A.; Kugler, M. 2003. *The labor market effects of payroll taxes in a middle-income country: Evidence from Colombia*, IZA Discussion Paper No. 852 (Bonn, Institute for the Study of Labor (IZA)).

Landais, C.; Piketty, T.; Saez, E. 2011. *Pour une révolution fiscale* (Paris, Seuil).

Li, W.; Sarte, P-D. 2004. "Progressive taxation and long-run growth", in *American Economic Review*, Vol. 94, No. 5, pp. 1705–1716.

Markle K. and Shackelford D. 2011, *Cross-country comparisons of corporate income taxes*, NBER Working Paper 16839, http://www.nber.org/papers/w16839.pdf.

Matheson, T. 2011. *Taxing financial transactions: issues and evidence*, IMF Working Paper No. 11/54, http://www.imf.org/external/pubs/cat/longres.aspx?sk=24702.

Nickell, S. 2004. *Employment and taxes*, CEP Discussion Paper No. 634 (London, Centre for Economic Performance).

Organisation for Economic Co-operation and Development (OECD). 2011. *OECD Employment Outlook 2011* (Paris).

—. 2010a. Tax policy reform and economic growth, (Paris, OECD Publishing).

—. 2010b. *Revenue statistics, 1965-2009. –Special feature: Environmental related taxation* (Paris, OECD Publishing).

—. 2008a. *Growing unequal? Income distribution and poverty in OECD countries* (Paris, OECD Publications).

—. 2008b. *OECD environmental performance reviews, Turkey* (Paris, OECD Publications).

—. 2007a. *Taxing wages* (Paris, OECD Publications).
—. 2007b. *OECD Employment Outlook 2007* (Paris, OECD Publications).
—. 2000. "Revised OECD measures of structural unemployment", in *OECD Economic Outlook 68* (Paris, OECD Publications).
Ristea, L.; Trandafir, A. 2010. Wealth tax within Europe in the context of a possible implementation in Romania – The existing wealth tax and its decline in Europe., in *Annals of the University of Petrosani Economics*, Vol. 10, No. 2, pp. 299-306.
Røed, K.; Strøm, S. 2002. "Progressive taxes and the labour market: Is the trade-off between equality and efficiency inevitable", in *Journal of Economic Surveys*, Vol. 16, No. 1, pp. 77–110.
Salanié, B. 2003. *The economics of taxation* (Cambridge, MA, MIT Press).
Sandmo, A. 1983. "Progressive taxation, redistribution, and labor supply", in *Scandinavian Journal of Economics*, Vol. 85, No. 3, pp. 311–223.
Schulmeister, S. 2011. *Implementation of a general financial transactions tax.* WIFO Study Commissioned by the Austrian Chamber of Labour (Vienna, Austrian Institute of Economic Research).
—. 2009. *A general financial transaction tax: A short cut of the pros, the cons and a proposal*, WIFO Working Paper No. 344 (Vienna, Austrian Institute of Economic Research).
—; Schratzenstaller, M.; Picek, O. 2008. *A general financial transaction tax. Motives, revenues, feasibility and effects,* WIFO Research Paper Commissioned by the Eco-social Forum Europe (Vienna, Austrian Institute of Economic Research).
Shaxson, N. 2011. *Treasure Islands: Uncovering the damage of offshore banking and tax havens* (New York, Palgrave MacMillan).
Shorrocks, A.; Davies, J.; Lluberas, R. 2010. *Global Wealth Report* (Zurich, Credit Suisse Research Institute).
Tax Foundation. 2010. *Summary of latest federal individual income tax data* [online]. Available at: http://www.taxfoundation.org/news/show/250.html.
UNCTAD. 2007. *Rising FDI into China: The facts behind the numbers.* Investment Brief. Number 2. Available at: http://www.unctad.org/en/docs/iteiiamisc20075_en.pdf.
Van der Hoek, M. Peter, Kong, Shuhong and Li, Zhenzi (2008), "The dual corporate income tax in China: the impact of unification", MPRA Paper No. 11547, available at: http://mpra.ub.uni-muenchen.de/11547/.
Viren, M. 2009. *Does the value-added tax shift to consumption prices?* Discussion Paper No. 250 (Helsinki, Labour Institute for Economic Research).
Weller, C.; Rao M. 2010. "Progressive tax policy and economic stability", in *Journal of Economic Issues*, Vol. 44, No. 3, pp. 629–659.
Zodrow, G.R.; Mieszkowski, P.M. 1986. The new view of the property tax: A reformulation, *in Regional Science and Urban Economics*, Vol. 16, No. 3, pp. 309-327.

第六章
财政紧缩背景下的有效就业政策[1]

主要研究成果

- 在应对全球危机带来的影响方面，各国已扩大了其财政空间。在20国集团发达经济体中，2011年其公共债务占GDP的比重平均达到79%，大大超过2007年的56%。在新兴经济体中，上述两个数据分别为40%和36%。因此，确保财政整顿已成为很多国家中期的重点措施。不过，与此同时，发达经济体必须促进就业，而新兴和发展中国家必须为优质就业和社会保障计划提供支持。在短期内，这些就业政策可能需要部分财政支出，但本章显示，如果就业政策得到良好的设计，将有助于促进经济复苏，同时为中期财政目标的实现提供支持。当与第五章所确定的充足的税基进行配合实施时，就业计划将成为可持续复苏战略中至关重要的一个组成部分。
- 本章基于“全球经济联系”模型的四个模拟情形。首先，模拟结果显示，导致失业率增长的支出削减将会减小税基，对社会保障预算造成上升压力，并显著降低——在某些情况下甚至完全消除——支出削减带来的财政结余。
- 其二，所谓积极的劳动力市场政策（ALMP）可为失业者寻找新的工作提供有效支持，能够促进劳动力市场的参与度。据估算，根据各个国家的具体情况，在积极的劳动力市场政策方面的支出占GDP的比重仅仅每增加0.5个百分点，就可在中期提高其就业率0.2—1.2个百分点。这是因为积极的劳动力市场政策具有双重效益，既可以刺激需求，又可增强求职者与由于需求和产出增加可能导致的空缺职位之间的匹配度。
- 第三，精心设计的失业救济计划可以提供失业人员急需的收入支持，使工人始终不脱离劳动力市场，并且与培训等积极的措施共同使用，以便预防技能

1 斯利姆·布里吉为本文作出了重大贡献，弗德里克·库尔奇（国际劳工研究所）提供了出色的研究协助工作。

的逐步丧失。因此，此类性质的救济措施可以加快就业复苏的步伐，降低短期内的失业率。此外，从中期来看，在危机初期支持通过降低劳动力市场排斥的风险以及提高企业生产率，将得到相应的回报。同时，此类被动和积极的劳动力市场政策的财政成本通常不高，占 GDP 的比重往往低于 2%，甚至在那些拥有收入支持体系的国家也是如此。

- 第四，社会对话的质量至关重要。尤其是，有效的集体谈判有助于提高就业状况对宏观经济措施的响应——对就业状况的影响力是在没有有效社会对话情形下的两倍。这是因为，在某些情况下，工人和雇主组织可以帮助改善就业措施的设计，同时确保为促进就业的战略提供社会支持——该战略对于应对第一章所提及的与社会动荡有关的问题最为重要。

引言

旨在抑制金融行业下滑的保障措施以及旨在支持总需求的刺激计划，推高了绝大多数发达经济体以及部分新兴经济体的公共债务水平。很多国家面临快速恶化的主权债务问题，并可能对私人投资和创造就业造成很大的负面溢出效应。不过，要解决危机前以及危机导致的各种不均衡状况需要时间，从而使得劳动力市场的各种挑战长期存在，使得危机状况的摆脱更加复杂化。不过，目前的政策空间有限且在不断恶化。政策空间是指可以采取进一步的措施来促进就业，并使全球经济步入稳步复苏轨道。

鉴于目前存在就业状况二次衰退的风险（正如第一章所强调的），上述问题尤其严重。目前，绝大多数国家的就业增长速度已开始放缓——在某些国家甚至出现了负增长。在财政空间吃紧以及央行资产负债率居高不下的情况下，必须就政策措施对就业和财政预算方面的影响进行审慎的评估。本章阐释了国际劳工组织《全球就业协议》所倡导的、具有成本效益比的政策措施在创造就业方面的潜力。

本章第一部分简要概述了世界各国政府在财政方面面临的挑战。第二部分分析了在考虑到可用财政空间有限的情况下，采纳国际劳工组织《全球就业协议》中的核心政策在创造就业方面的潜力。

第一节　财政挑战

债务水平已出现显著增长……

在 2008 年年末全球 GDP 增长急剧下降后，世界各国政府作出了快速和果断的反应，通过削减 2%—5% 的政府支出和税收占 GDP 比例来刺激其经济的发展。尽管近来采取了控制支出和削减预算赤字的措施，但发达经济体的政府债务水平仍出现了显著的增长（表 6.1）。相反，去年新兴经济体的政府债务水平增长放慢，甚至出现了逆转。

表 6.1　20 国集团国家的公共债务动态变化

	新兴非欧盟国家	非欧盟发达国家	新兴欧盟国家	欧盟发达国家
2008 年	43.5（40.6）	93.3（75.6）	38.6（28.9）	65.8（55.5）
2009 年	46.2（41.5）	109.3（86.9）	43.8（38.0）	76.2（64.0）
2010 年	44.4（39.0）	114.3（89.8）	48.9（42.7）	81.9（70.0）
2011 年	42.2（37.1）	122.0（94.4）	50.1（45.0）	85.0（74.8）

注：本表显示的是 GDP 加权（非加权）平均政府总债务水平占 GDP 的百分比。

国家类别：新兴非欧盟国家：阿根廷、巴西、印度、印度尼西亚、墨西哥、俄罗斯联邦、沙特阿拉伯、南非和土耳其；非欧盟发达国家：澳大利亚、加拿大、日本、韩国和美国；欧盟发达国家：奥地利、比利时、塞浦路斯、丹麦、爱沙尼亚、芬兰、法国、德国、希腊、爱尔兰、意大利、卢森堡、荷兰、葡萄牙、西班牙、瑞典和英国；新兴欧盟国家：捷克共和国、拉脱维亚、波兰、斯洛伐克共和国和斯洛文尼亚。

资料来源：国际货币基金组织《世界经济展望》，2011 年 9 月。

……这导致利率差的不断扩大以及债务负担的增加。

债务水平的增加、预算赤字的扩大以及人们对欧元区本身未来发展前景的担忧，也已导致借贷环境的恶化，欧元区其他政府债券与德国债券之间的价差也显著加大。一方面，希腊、爱尔兰和葡萄牙的借贷环境已有一段时期处于极端不利局面；另一方面，法国、意大利等大型经济体，甚至诸如荷兰等国的风险价差在过去几个月内也不断扩大。相反，非欧元国家，如英国和美国等，债券与德国债券之间的价差却不断缩小。利率的提升不仅提高了新发行债券的成本，同时也增加了现有债券的续期成本，从而给那些高负债国带来了巨额的成本。

因此，很多发达经济体缺乏相应的财政空间，无论是出于政治原因（如美国的情况）还是由于借贷成本不断增长。遗憾的是，随着世界各地的就业状况即将出现二次衰退，各国必须拥有哪怕少量可用的财政空间。因此，必须对支出和税收工具进行重新设计，以最大限度发挥对就业状况的积极影响，同时最大限度减小对政府预算赤字的不利影响。

第二节　财政紧缩状况下的就业政策

第五章列举了各国为扩大其税基和增加税收收入（而非过度依赖于支出削减）可以采纳的各项措施。事实上，本部分内容表明，设计不良的支出削减措施将增加失业率，降低税基和增加在失业救济计划方面的支出。其最终结果是导致财政状况的进一步恶化。

有鉴于此，本章列举了在财政空间有限和新增就业放缓背景下可采取的政策措施。政策措施取得成功的标准包括两个：（1）必须对就业状况产生重大影响；（2）必须考虑可用的财政空间。通过加强劳动力市场体制以及实施积极和被动劳动力市场政策，就可实现上述方法。经济危机已削弱了劳动力市场机制，而各国政府也未充分利用在劳动力市场政策方面的支出。《2010 年世界劳工报告》（第三章）指出，20 国集团的财政刺激措施构成主要侧重于在税收措施和基础设施方面的支出，这两项支出分别占整个财政刺激计划支出的28%和32%。相反，在积极和被动劳动力市场方面的支出仅分别占整个财政刺激计划支出的2.5%和2.1%。

为了应对在预算紧缩状况下刺激就业的双重挑战，我们将“全球经济联系”（GEL）模型进行了扩展，纳入了对劳动力市场流动状况的具体说明以及对不同的潜在政策响应的评估（参见附录A）。我们利用GEL模型平台来分析劳动力市场的四个重要特征：（1）支出削减；（2）积极的劳动力市场政策（ALMP）；（3）失业救济；（4）社会对话。

设计不良的预算削减将影响就业，并使中期财政目标的实现充满变数……

事实上，设计不良的支出削减会使政府财政收支状况恶化，并对经济发展前景造成负面影响。这主要通过以下三大渠道产生影响：首先，预算削减将对总需求带来负面影响。其次，当削减的支出主要针对投资和就业时，可能对各大企业的生产能力造成不利影响。第三，支出削减所带来的经济衰退影响将导致税基的减少以及自主性支出的增加。如果积极的劳动力市场政策（ALMP）支出减少，可能对财政方面造成净负面影响，从而也给就业状况带来负面影响。

事实上，使用GEL模型的模拟结果显示，削减积极的劳动力市场正常支出，实际上将导致预算赤字的进一步增加以及失业率的增长（图6.1）。更为具体来看，在基准情形下，经济衰退将导致失业率增长2%，并由此增加失业救济支付款项，降低税基。此外，如果政府为应对财政赤字增长而削减积极的劳动力市场政策支出，其失业率可能再增长0.2%，从而使得经济衰退在失业方面的成本增长10%。

图6.1 削减预算支出对就业和财政状况的影响

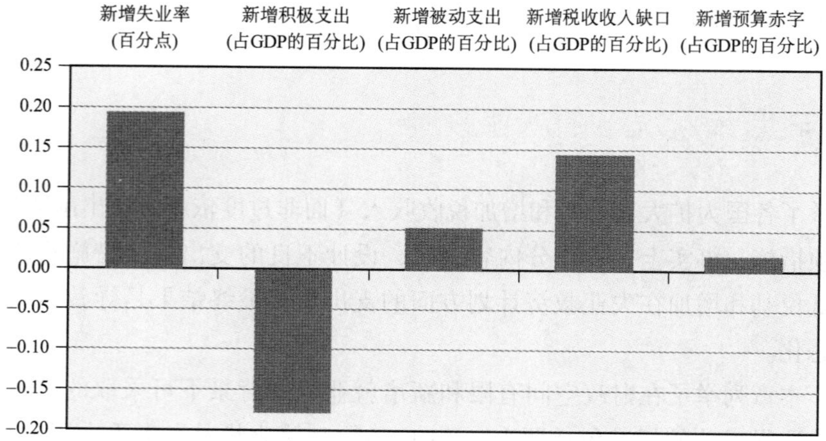

注：GEL模型受到生产力的影响，会导致失业率增长2%。本图显示，削减积极的劳动力市场政策支出所带来的影响占GDP的0.18%。（失业救济方面的）被动支出以及劳务税收收入的下降幅度将占GDP的0.2%，从而对财政预算带来净负面影响。

资料来源：GEL积极的劳动力市场政策，布里吉和查普（2010a）。

另外，失业率的增长将导致税收收入占 GDP 的比重再降 0.15 个百分点，并使失业救济支出占 GDP 的比重增加 0.05 个百分点。因此，削减积极的劳动力市场政策支出对财政赤字将带来净负面影响，同时失业率也将会上升。

本范例表明，在削减预算时，必须审慎考虑其带来的直接和间接影响。当然，在那些对劳务税收依赖性较低以及经济政策自动稳定因素少的国家，支出削减所带来的间接影响要小得多。在此类国家中，支出削减的代价将直接由各个家庭承担。

……然而，更加重视积极的劳动力市场政策将产生积极的产出，并带动就业的增长……

传统的财政工具（如削减税收和加强在基础设施建设方面的支出）旨在刺激经济的发展，认为将理所当然地导致就业机会的增长。相反，积极的劳动力市场政策支出通过提供求职支持和提高劳动者的技能，从而更直接地应对失业所带来的问题。因此，该项政策可能比传统的财政工具具有更强的效力。

积极的劳动力市场政策包括多种形式，如公共就业服务或提供培训等。有关该项政策的实证证据正反两面兼而有之。部分研究显示，这些措施将带来负面影响，如减少失业工人求职强度的锁定效应等。不过，当实证研究对不同支出形式进行对比研究时，积极的劳动力市场政策支出似乎会产生积极的后果。特别是，劳动力市场培训和公共就业服务比受到政府补贴的工作更为有效（参见伯恩以及凡·奥尔斯的文章，2004 年）。

案例研究同样表明，上述措施的实施方式是其成功与否的关键。培训计划以及求职援助的有效性便取决于可供公共就业服务使用的资金大小。各国的员工与客户比通常在 1∶75 和 1∶150 之间波动。同时，这些政策必须针对弱势工人，而非整个群体，以便控制总体成本。例如，针对年轻工人的培训计划往往更多地使那些高技能工人受益，而非那些处于弱势地位的年轻工人。

……对短期内的财政收支状况影响微乎其微……

此处所展示的分析所带来的附加值在于，积极的劳动力市场政策支出带来的效益考虑了总均衡效应，而现有的研究仅考虑了部分均衡效应。因此，该分析方法既考虑了提高劳动力市场效率带来的积极供方效应，也考虑了对为这些措施提供资金的私人部门的负面影响。该研究模型表明，积极的劳动力市场政策支出与产值和就业的大量增加有关。特别是，图 6.2 显示，与积极的劳动力市场政策有关的就业乘数为正，并在某些情况下很大。该图展示了积极的劳动力市场政策支出增加（相当于 GDP 的 0.5%）两年后就业率的增长率，这是因为部分措施需要一定的时间才能完全生效。就业乘数介于 0.2（丹麦）和 1.2（美国）之间。那些目前在积极的劳动力市场政策方面的支出相对较小（规模收益减小）的国家，其就业乘数往往相对更大。比如，美国和英国可以创造的就业岗位分别达到 170 万和 26.2 万。

在政策建议方面，那些积极的劳动力市场政策支出占其 GDP 比率最小的国家可能从实施此类政策中获得最大的效益。同样，那些尚未实施积极的劳动力市场政策的国家也可以从推行此类计划中获得很大的效益。不过，必须谨记的是，这

图 6.2 积极的劳动力市场政策支出带来的效益

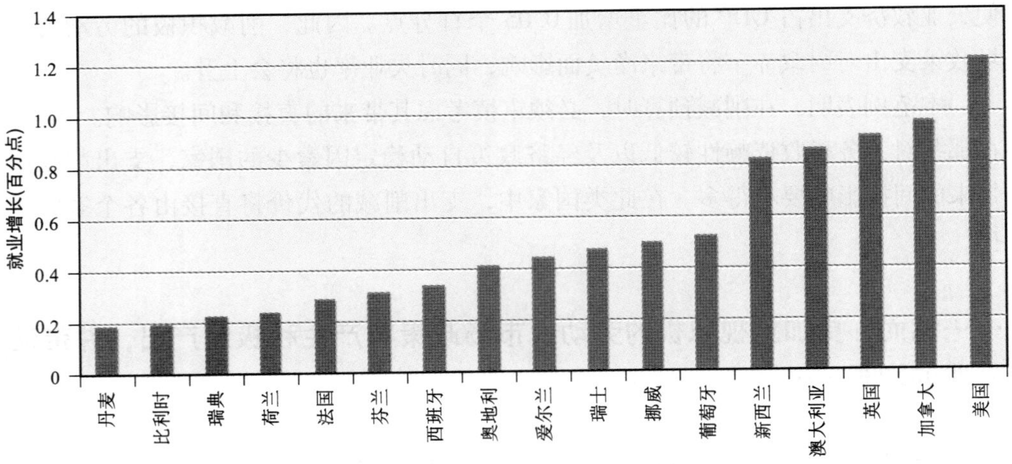

注：本图显示的是在积极的劳动力市场支出计划（相当于 GDP 的 0.5%）实施两年后，就业率的预期增长情况。

资料来源：GEL 积极的劳动力市场政策，布里吉和查普（2010a）。

些计划的设计对于此类政策的有效性具有同等重要的作用。

积极的劳动力市场政策支出可以提高失业工人与劳动力市场内企业内部空缺职位之间的匹配度。劳动力市场效率的提高，将导致企业雇佣率的增长。此外，在积极的劳动力市场政策支出占 GDP 比重较低的国家，产出效应将大到足以完全克服由于支出使用经费所导致的对消费和投资的挤出效应。在此情况下，财政干预措施将给消费和投资带来挤入效应。因此，其就业乘数可能大于 1。积极的劳动力市场政策支出在支出增长较小时对就业的影响较大，使之成为在预算有限状况下的理想工具。

自危机爆发以来，部分国家就采纳了积极的劳动力市场政策。比如，德国已增强了其公共就业服务（专栏 6.1）；智利新增了用于培训就业人口的支出，总费用占 GDP 的 0.1%；日本放松了就业调节补贴计划的适用标准，并建立了一项针对老年人的培训计划——这些措施的总支出占其 GDP 的 0.15%。

不过，此类性质的政策仅在少数几个国家实施，已推出的政策规模也不大。此外，经合组织国家劳动力市场政策的支出增长情况表明，绝大部分的增长主要是在自动稳定因素方面的支出，同时预计积极的劳动力市场政策支出与被动的政策支出之比将从 2007 年的 0.9 降至 2010 年的 0.5。为了持续改善就业状况，必须更加重视此类性质的就业措施。

……如果能与收入支持措施配合实施，将进一步刺激就业。

家庭和企业对经济前景不明的响应是就业难以提高的主要障碍。例如，那些担心失业可能减少其收入的家庭进行了预防性储蓄，并限制其消费支出，这导致社会总需求受到抑制。同样，鉴于经济环境波动较大以及前景不明，银行加大了对企业新增信贷的限制，从而减少了投资以及企业间的活动，并最终导致这些企业的雇佣能力受到限制。被动的劳动力市场支出，如为失业工人提供的更高收入支持措施，会对家庭的收入预期产生积极的影响。针对失业风险的公共保险计划降低了家庭过度储蓄的必要性，由此带来的私人消费的增加对于带动企业产值

专栏 6.1　增强公共就业服务：以德国为例

为了降低失业人口对社会工作者的比率，德国最初实施的两个财政刺激计划宣布了在短期内新雇用 1000—4000 名员工的措施。雇用新员工的措施旨在提高为失业工人提供服务的有效性。一项新颁布的法律规定，长期失业人口中员工对客户之比应降至 1∶75（对于 25 岁以下的人口）和 1∶150（对于 25 岁及以上的人口）。目前，年轻人和成年人的这一比例分别为 1∶85 和 1∶158。

同时，德国公共就业服务部门（PES）在 2009 年划拨了 11.2 亿欧元用于培训，其中 2 亿欧元针对临时工人的再就业（在同一企业），另外 7.7 亿欧元用于扩大为年老和低技能工人的再教育计划。此外，德国联邦政府通过提供信贷和拨款确保了公共就业服务在危机时期也能维持负债运行。这意味着公共就业服务可以作为一项自动稳定因素，也就是说，在经济衰退时期不会对社会福利和计划造成破坏，也不会导致社会保障缴款率的增长。

资料来源：国际劳工组织，2011a。

和就业增长具有至关重要的作用。[1] 该保险计划使工人可以继续寻求符合其技能条件的工作，从而对企业和个人的中长期收入带来积极影响。

有鉴于此，图 6.3 表明了失业率对收入支持措施的敏感性，无论这些措施是顺周期还是反周期。图中展示了为应对经济冲击导致失业率增长状况的两种政策选项。第一种对策是“减少收入支持”。在这种对策中，经济冲击后的收入支持措施占实际工资的比重下降了 1.6%。第二种对策是“加大收入支持”。在该项对策中，收入支持措施的比重同样增长了 1.6%。这两种情景在财政支出方面的差额占 GDP 的 0.2% 左右。

如图 6.3 所示，在危机期间削减收入支持措施将导致失业率的进一步恶化。相反，在危机期间加大收入支持措施将抑制失业率的增长，并加快复苏进程。

该模型变量的假设条件是，劳动力需求和产出决定将受到可获取信贷，而非生产能力的限制。企业受到信贷配给的影响，信贷配给对企业的雇佣机会设置了上限。不过，企业可以通过出售此前积累的资产来应对信贷配给的问题。在该模型中，政府债券是贮存流动性的形式。政府通过发行公共债券为收入支持措施提供融资。企业购买这些债券来缓解其信贷紧缩的状况。企业还可扩大对劳动力的需求，从而加快经济复苏步伐。不过，在危机期间，很少有国家加大收入支持力度。少部分加大收入支持力度的国家包括日本和加拿大。在此期间，日本扩大了对失业救济的覆盖范围，而加拿大则将失业保险的最大期限延长了五周。

1　在 GEL 模型中，我们假定部分比例的家庭收入全部用于消费，因此其消费方式将与政府收入支持水平密切相关。

图 6.3　不同程度收入支持措施下的新增失业率

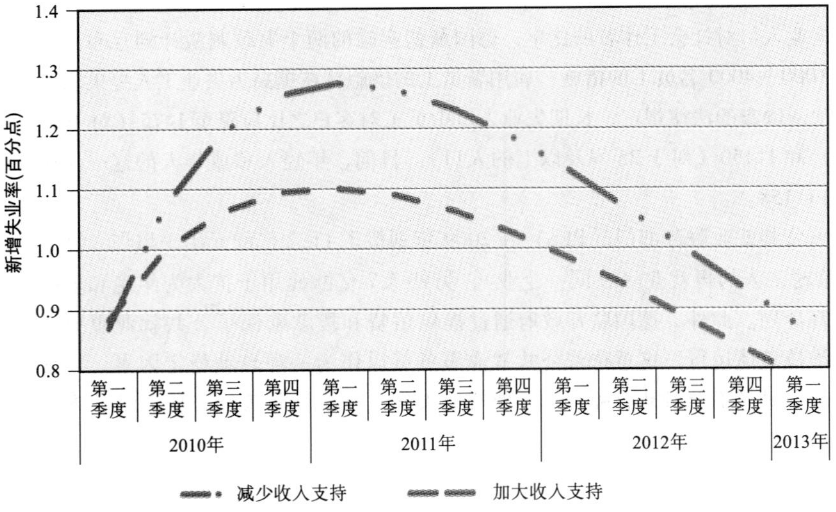

注：本图显示的是在负面冲击导致失业率增长 0.9% 后，复苏阶段的失业率变化。如果采纳力度更大的反周期收入支持措施，复苏进程将更快。

资料来源：GEL 积极的劳动力市场政策，查尔斯等人（2011 年）。

不过，展望未来，任何公共失业救济或保险计划必须以不会导致劳动力市场激励结构出现扭曲的方式实施或扩展。这表明，必须审慎设计有关的适用标准。

通过有效的社会对话可以最佳地实现就业和财政双重目标。

劳动力市场 GEL 模型包括评估工人和雇主之间协商的影响的因素。该模型考虑了两种类型的社会对话机制：（1）“有效的社会对话”——劳资双方就工资和工时开展协商；（2）“有限的社会对话”——劳资双方仅对工资开展协商，工时由企业随意设定。模型模拟结果显示，劳资双方就工资和工时共同进行协商，即有效的社会对话可以显著改善政府支出和货币政策对创造就业和产出的有效影响（参见表 6.2 第一组和第二组）。事实上，与企业保留控制工人平均工时数的权利相比，扩大的社会对话可以发挥更大的政策有效性。同时，扩大的社会对话背景下财政（货币）政策对企业产出的积极影响将增加 17%（6%）。

在劳动力市场方面，与其他协商机制相比，有效的协商机制背景下就业状况将作出更为强劲的响应，这是因为在政策干预期间可以持续不断地创造出更多的空缺职位。此外，每个工人的平均工时将更为显著的增加，至少在受到冲击影响后的初期阶段如此，其总工时超过有限社会对话背景下的总工时。因此，企业产出的增幅相对更快。该模型预测，支出和货币政策影响导致劳动力投入（总工时）的变化将主要沿集约边际实现，同时扩大的社会对话将显著增强扩展边际的使用。

从某种程度上看，20 国集团劳动力市场复苏速度的不同是由于不同国家的社会对话程度不同所致。事实上，在危机期间，部分国家的政府已经加大了激励力度，遵照《全球就业协议》（第 11（3）段）的建议，鼓励企业通过减少平均工

表 6.2　不同社会对话程度项下政策变化对产出、就业、工时和通胀的影响

第一组：财政政策				
	产出	就业	工时	通胀
有效的社会对话	1.83	0.10	1.92	0.09
有限的社会对话	1.56	0.05	1.70	0.08
相对绩效（%）	17	109	13	10
第二组：货币政策				
	产出	就业	工时	通胀
有效的社会对话	2.92	0.18	3.06	0.14
有限的社会对话	2.76	0.15	2.92	0.13
相对绩效（%）	6	19	5	5

注：本表显示的是扩大和受到限制的社会对话项下的财政（第一组）或货币（第二组）扩张政策对产出、就业、工作小时和通胀的影响。

资料来源：GEL 社会对话，布里吉和查普（2010b）。

时而非削减就业岗位来保留劳动力。这样做的目的在于在维持企业内部劳动力技能的同时保留工作岗位和劳工收入，以便加快经济的复苏速度。该项战略已开始奏效，那些为保留劳动力提供激励措施的国家在经济复苏期间的表现似乎好于其他国家，从而打消了人们对就业配置不当的担忧——部分观察家此前警告此类政策可能导致出现就业配置不当的状况。展望未来，集体协商机制将在确定政策干预措施的有效性方面发挥关键作用，并且在促进持续和有助于创造大量新增就业机会的经济复苏方面发挥重要作用。

第三节　政策考量

自 2010 年以来，全球经济发展前景已经显著恶化，这表明迄今为止实施的各项政策在很多方面均未能发挥有效作用。首先，尽管各国政府采取了重大的协调行动，但用于促进经济活动的措施往往昙花一现。其次，企业产出的适度增长（特别是在发达经济体）并未带来充足的新增就业机会。第三，在私人部门需求疲软的背景下，各国政府受到金融市场的压力，使得其在应对各种持续和新兴挑战（尤其是在创造就业机会方面）的能力受到限制。第四，为抑制公共支出方面的措施设计不良——削减有助于就业的计划，已导致各国劳动力市场状况的恶化，并可能使其财政状况进一步恶化。

由于长期失业率的增长，同时由于工人们开始完全脱离劳动力市场，采取决定性行动的“机会之窗”即将关闭。我们亟须采取行动，将创造就业机会置于复苏计划的中心。此外，正如本章所指出的，适宜的政策干预措施可以在实现就业目标的同时，满足控制政府支出的需求。事实上，劳动力市场措施对财政预算的影响有限，而大幅的支出削减将导致预算赤字状况的恶化。重视积极和被动的劳动力市场政策——通过有效的社会对话引入这些政策——将在财政、企业产出和就业方面带来积极影响。在当前的就业危机状况下，上述所有方面都迫切需要受到重视。优先考虑就业市场而非金融市场，现在还为时不晚。

附录 A
模型机制

本附录简要概述了引发本章第二节中所阐释的三种 GEL 模型变量的模型机制。GEL 模型是一个动态随机一般均衡（DSGE）模型，对劳动力市场中的求职和配对功能进行了扩展。本章使用的模型变量对这一基准模型进行了不同的修改。这些修改使得研究不同政策措施的影响成为可能。

积极的劳动力市场政策 GEL 模型

对预算削减所造成影响的模拟以及对积极的劳动力市场政策（ALMP）有效性的模拟，均采用了积极的劳动力市场政策 GEL 模型。这一模型变量引入了一种新的政府支出类型：为改善空缺职位和失业者之间匹配过程（如通过增加公共就业服务的员工比）的公共支出。该模型假定就业匹配对公共支出的弹性系数为 0.1。就业匹配对空缺职位（或为失业者提供再就业）的弹性系数为 0.5。劳动力市场支出将改善总的就业和企业产出状况。同时，政府债券增长对个人消费带来的负面财富效应将抵消对公共支出带来的积极影响。在此方面，积极的劳动力市场支出计划可以使收支平衡转为正向。通过提高劳动力市场的有效性带来的新增供方效应以及降低求职活动的总成本，可以实现上述目标。不过，即便在此情况下，公共支出的增加仍将对个人消费带来负面的替代效应，这表明存在最佳的支出水平（参见布里吉和查普的文章，2010a）。

社会对话 GEL 模型

社会对话 GEL 模型纳入了价格刚性的原则，使得通胀动态变化和通胀—失业之间的得失权衡可以沿着（新凯恩斯）菲利普斯曲线变动。此外，政府活动是按照预先设定的自动路径，通过（完全由税收提供资金的）一般支出来开展的。同时，通过影响企业对资本使用成本的简单利率规则，分析了货币政策的影响。[1] 政府支出和货币干预措施将共同影响总需求的变动，但无法影响企业将在多大程度上宁愿雇用更多的工人，而不愿增加每个工人的工时。

该模型变化的关键之处在于，劳资双方就工人工资和工时所采取的协商过程的形式。社会对话 GEL 模型分析了两种广泛使用的协商方式：管理权协商和有效协商。在第一种管理权协商方式中，劳资双方就适宜的工资水平进行协商，但将每个工人的工时决定权完全交给企业。在第二种有效协商方式中，劳资双方同时就平均工时和平均工资水平进行协商。工人的总工时将取决于公开空缺职位的数量以及劳资双方就每个工人工时的协商结果。仅在第二种情形下，才能保证最大限度地增加新就业岗位的数量。这是因为当企业保留对工时的最终发言权时，往往倾向于强制推行比社会最为合理的工时更多的工时，从而使得公开的空缺职位减少。因此，不仅社会福利将取决于社会对话机制的类型，社会对话机制类型还

1　利率规则遵循所谓的“泰勒规则”，即（过去的）通胀、通账预期与产出差值之间的加权平均值。

将影响政府干预措施可以在多大程度上有助于创造新增就业机会（参见布里吉和查普的文章，2010b）。

被动的劳动力市场政策 GEL 模型

该模型中的失业救济除了在防止求职者陷入贫困陷阱方面至关重要外，还有助于加大总需求，从而加快就业的复苏速度。这就要求引入此前两个模型变量中未充分涵盖的另外一个要素：横向收入分散状况，即不同家庭之间的收入和消费不平等现象。被动劳动力市场政策 GEL 模型变量通过假定求职者在信贷市场获取信贷的能力有限，无法为确保应对经济冲击而获得贷款，从而考虑到了不同家庭之间的异质性。换句话说，排除了获得个人失业保险的可能性。事实上，这些家庭只能依靠政府干预措施，通过面向就业家庭征收的（公共）失业救济来缓解其经济困境。与此同时，企业在经济衰退期间也将遭受信贷紧缩的影响，从而使得其在经济复苏开始后雇用新员工的能力受到限制。只有当经济真正复苏后，信贷紧缩的状况才能逐步得到缓解，从而创造更多的就业机会（参见查尔斯等人的文章，2011 年）。

参考文献

Bacchetta, M.; Ernst, E.; Bustamante, J.P. 2009. *Globalization and informal jobs in developing countries* (Geneva, International Labour Office and World Trade Organization).

Boone, J.; van Ours, J. 2004. *Effective active labour market policies*. CEPR WP 4707.

Bridji, S.; Charpe M. 2010a. *Active labour market policies, search costs and positive fiscal multiplier*, mimeo (Geneva, International Institute for Labour Studies).

—. 2010b. *Collective bargaining and the fiscal multiplier*, mimeo (Geneva, International Institute for Labour Studies).

—. 2010c. *Dual labour markets with search costs*, mimeo (Geneva, International Institute for Labour Studies).

Challes, E.; Charpe M.; Ernst E.; Ragot X. 2011. *Countercyclical unemployment benefits and unemployment fluctuations*, mimeo (Geneva, International Institute for Labour Studies).

Charpe M. 2010. *How much will countries spend on labour market policies in the crisis? Forecasting the changes in the size and composition of labour market policies*, mimeo (Geneva, International Institute for Labour Studies).

Ernst, E. 2011. *Determinants of unemployment dynamics. Economic factors, labour market institutions and financial development* (Geneva, International Institute for Labour Studies).

International Labour Office. 2010. *World of Work Report 2010: From one crisis to the next?* (Geneva, International Institute for Labour Studies).

—. 2011a. *Country studies: Germany* (Geneva, International Institute for Labour Studies).

—. 2011b. *Country studies: Brazil* (Geneva, International Institute for Labour Studies).

—. 2011c. *Global employment trends 2011: The challenge of a jobs recovery* (Geneva, International Labour Office).

Monacelli, T.; Perotti, R.; Trigari, A. 2010. "Unemployment fiscal multipliers", in *Journal of Monetary Economics*, Vol. 57, No. 5, pp. 531–553.

Schmieder, J.; von Wachter, T.; Bender, S. 2011. *The effects of extended unemployment insurance over the business cycle: Regression discontinuity estimates over 20 years*, mimeo (Cambridge, MA, Harvard University).